AI 멘토스 시리즈 ————

나만 알고 싶은 AI 활용 교과서

더 스마트한 삶 즐기기 ————

저자 유채린·김승욱·이재현·진연자·정구은·김유경·배미주 | 기획 정동완

박영story

프롤로그

AI 시대의 도래

21세기는 디지털 혁명의 시대이다. 그중에서도 인공지능(AI)은 우리의 삶을 근본적으로 변화시키고 있다. AI는 단순히 공상 과학 소설의 이야기가 아닌, 현재 우리가 살아가는 현실 속에서 빠르게 발전하고 있는 기술이다. AI 기술은 이미 우리의 일상 곳곳에 스며들어 있으며 그 영향력은 날로 커지고 있다.

오늘날 우리는 AI 덕분에 더 편리하고 스마트한 생활을 누리고 있다. 스마트폰 속 AI 비서가 우리의 일정을 관리해 주고 스마트 홈 기기가 집안일을 돕고 있다. 의료 분야에서는 AI가 진단과 치료를 도와 생명을 구하고 있으며, 금융 분야에서는 투자와 자산 관리를 더 효율적으로 해주고 있다. 예를 들어, AI 기반의 음성 비서는 "스마트 스피커"를 통해 우리의 생활을 더 편리하게 만들어 준다. 집안 곳곳에서 조명을 제어하거나 일정 관리, 음악 재생 등 다양한 기능을 수행할 수 있다. 또한, AI 기술을 활용한 건강 관리 앱은 사용자의 건강 상태를 지속해서 모니터링하여 개인 맞춤형 건강 관리 계획을 제공해 준다.

AI는 우리의 사회 전반에 걸쳐 긍정적인 변화를 일으키고 있다. 교육에서는 개인 맞춤형 학습이 가능해졌고 교통에서는 자율주행차가 안전하고 효율적인 이동 수단으로 자리 잡아가고 있다. AI는 또한 환경 보호와 기후 변화 대응에서도 중요한 역할을 하고 있다. 예를 들어, 자율주행차는 교통사고를 줄이고 탄소 배출을 감소시키는 데 기여하고 있다.

이러한 변화 속에서 우리는 그저 AI의 수동적인 수용자가 아니라 능동적인 리더로서 이끌어 나가야 한다. AI 리더십은 우리 세대가 새로운 기술을 두려워하지 않고 적극적으로 배워 활용하며 나아가 다른 사람들에게도 그 중요성을 알리고 이끌어 가는 것을 의미한다.

이 책은 여러분이 AI 시대의 리더로서 마음가짐과 필요한 지식을 갖출 수 있도록 도와줄 것이다. 함께 AI의 세계를 탐험하며 새로운 가능성과 기회를 발견하고 우리 모두가 더 나은 미래를 만들어갈 수 있기를 바란다.

AI 시대의 도전과 기회

AI는 개인의 선호도와 행동을 분석하여 맞춤형 서비스를 제공한다. AI 기반 추천 시스템은 개인의 취향에 맞는 음악, 영화, 책 등을 추천해 주며 건강 상태를 모니터링하여 맞춤형 건강 관리 계획을 제공한다. 넷플릭스는 AI 알고리즘을 사용해 사용자가 좋아할 만한 영화를 추천해 주며 헬스케어 앱은 사용자의 건강 데이터를 분석해 맞춤형 운동 프로그램을 제공한다.

AI는 다양한 업무를 자동화하여 효율성을 극대화한다. 공장에서의 로봇 자동화, 사무실에서의 데이터 처리 자동화 등이 이를 가능하게 한다. 이는 더 적은 시간과 노력으로 더 많은 일을 처리할 수 있게 한다. 제조업에서 AI 로봇은 사람보다 더 빠르고 정확하게 작업을 수행하여 생산성을 높이고 있다.

AI는 새로운 직업과 산업을 창출한다. 데이터 과학자, AI 엔지니어, 로봇 공학자 등과 같은 새로운 직업이 등장하고 있으며 AI 기술을 활용한 스타트업과 비즈니스 모델도 증가하고 있다. 자율주행차를 개발하는 스타트업이나 AI 기반 건강 진단 솔루션을 제공하는 기업들이 늘어나고 있다.

AI는 의료, 환경 보호, 교육 등 다양한 분야에서 사회적 문제를 해결하는 데 기여한다. AI는 질병의 조기 진단과 치료, 자연재해 예측, 맞춤형 교육 제공 등에서 중요한 역할을 한다. AI를 활용한 의료 이미징 기술은 암 진단의 정확도를 높이고 있으며 자연재해 예측 AI는 더 빠르고 정확한 대응을 가능하게 한다.

그러나 AI 기술의 빠른 발전은 일부 사람들을 소외시킬 수 있다. 특히 디지털 기술에 익숙하지 않은 시니어들은 이러한 변화에 적응하는 데 어려움을 겪을 수 있다. AI는 많은 데이터를 필요로 하기 때문에 개인정보 보호와 보안이 중요한 이

슈가 된다. 데이터 유출이나 악용의 위험이 있으며 이를 방지하기 위한 정책과 기술이 필요하다. AI의 결정이 인간에게 미치는 영향과 그 책임에 대한 윤리적 문제가 발생할 수 있다. AI가 채용 과정에서 편향된 결정을 내리거나 자율주행차의 사고 시 책임 문제 등이 이에 해당한다.

예를 들어, 자율주행차가 사고를 일으켰을 때 그 책임이 누구에게 있는지, AI가 채용 과정에서 어떤 기준으로 결정을 내리는지 등은 중요한 윤리적 문제로 대두되고 있다. 또한, AI의 자동화로 인해 일부 직업이 사라질 수 있다. 이에 따라 직업을 잃은 사람들이 새로운 직업을 찾고 재교육을 받는 것이 중요한 과제가 된다.

이러한 도전과 기회의 시대에서 시니어는 의미 있는 역할을 할 수 있다. 평생학습의 중요성을 몸소 보여주며 AI 기술을 배우고 활용하는 데 앞장설 수 있다. 이는 후배 세대에게도 큰 영감을 줄 것이다. 그동안의 삶에서 얻은 풍부한 경험과 지혜를 AI 개발 및 활용에 반영할 수 있다. AI 시스템이 보다 인간적이고 윤리적인 결정을 내리도록 돕는 역할을 할 수 있다. AI 기술의 사회적 영향을 고려하며 정책과 제도 마련에 적극 참여할 수 있다. 이는 AI 기술이 모든 사람에게 이익을 줄 수 있도록 하는 데 기여할 것이다.

시니어들은 자신의 지식과 경험을 바탕으로, AI 기술을 배우고자 하는 젊은 세대의 멘토가 될 수 있다. 이를 통해 세대 간 지식의 전수를 촉진하고, 사회 전반의 디지털 역량을 향상시킬 수 있다. 다양한 삶의 경험을 통해 창의적인 아이디어를 제시할 수 있다. 이는 AI 기술의 새로운 응용 분야를 개척하고 혁신을 촉진하는 데 중요한 역할을 할 수 있다.

AI 시대는 시니어들에게도 무한한 기회와 가능성을 제공한다. 도전에 맞서 배우고 경험을 나누며 사회의 리더로서 역할을 수행하는 것은 우리 모두가 AI 시대를 함께 발전시키는 데 중요한 발걸음이 될 것이다.

AI 리더십의 중요성

AI 리더십은 인공지능 시대를 이해하고 적극적으로 살아가기 위해 필요한 능력과 자세를 의미한다. 이는 단순히 AI 기술을 배우는 것에 그치지 않고 AI의 사회적, 윤리적, 경제적 영향을 깊이 이해하고 이를 바탕으로 다른 사람들을 이끌어 나가는 것을 포함한다. AI 리더는 변화의 선두에 서서 기술을 효과적으로 활용하며 공동체에 긍정적인 영향을 미치는 역할을 한다.

AI 리더는 새로운 기술과 변화를 두려워하지 않고 적극적으로 배우려는 자세가 필요하다. AI에 대한 호기심을 가지고 끊임없이 탐구하는 것이 중요하다. AI 시대에는 끊임없는 학습이 필요하다. 시니어들도 배우기를 멈추지 않고 새로운 기술과 지식을 지속적으로 습득해야 한다. AI 기술이 가져오는 변화를 긍정적으로 받아들이고 이를 통해 삶을 더욱 풍요롭게 만들 수 있다는 믿음을 가져야 한다. AI는 혼자서 할 수 있는 일이 아니다. 다른 사람들과 협력하고 자신의 지식과 경험을 나누며 공동체의 발전을 도모하는 자세가 필요하다. AI 기술을 사용할 때 발생할 수 있는 윤리적 문제에 대해 깊이 고민하고 책임감 있는 태도로 접근해야 한다. 이는 AI가 사람들에게 긍정적인 영향을 미치도록 하는 데 중요하다.

이 책은 AI의 기본 개념과 작동 원리를 이해하고 AI가 일상생활과 사회에 미치는 영향을 파악하도록 돕는다. 또한 AI 기술을 실제 생활에서 어떻게 활용할 수 있는지 구체적인 방법과 사례를 제공한다. 시니어들이 AI 시대의 리더로서 가져야 할 마음가짐과 행동 방식을 제시하며 그들이 사회에서 중요한 역할을 할 수 있도록 격려한다.

AI 기술을 이해하고 활용함으로써 시니어들은 자신감과 자부심을 갖게 된다. 이는 새로운 도전에 대한 두려움을 극복하는 데 도움을 준다. 스마트폰의 AI 기능을 활용하는 방법이나 AI 기반 건강 관리 앱 사용법 등을 소개할 수 있다. AI 리더로서의 역할을 수행함으로써 더 많은 사회적 참여와 기회를 얻게 되고 삶을 더욱 풍요롭게 만든다. AI와 관련된 기술적 지식을 습득함으로써, 디지털 시대에 적응하고, 다양한 분야에서 새로운 기회를 찾을 수 있다. AI 기술을 일상생활에 적용함으로써 더 편리하고 스마트한 생활을 누릴 수 있으며 이는 삶의 질을 높이는 데 기여한다. 시니어들이 AI 리더로서 활동함으로써 지역사회와 공동체의 발전에 긍정적인 영향을 미치고, 모두가 함께 성장하는 데 중요한 역할을 한다.

이 책을 통해 시니어들은 AI 시대의 변화와 도전에 적극적으로 대처할 수 있는 능력을 갖추게 될 것이다. 나아가, AI 리더로서 자신의 역할을 발견하고 더욱 활기찬 제2의 인생을 살아갈 수 있기를 바란다.

추천사

최근 컨설팅보고서에 의하면, AI의 경제효과는 7조 달러, 즉 약 100조 원이며 이는 GDP의 7%를 차지할 것이라고 예상하고 있다. 2007년 스마트폰의 등장은 우리의 삶을 많이 바꿔놓았다. 즉 사람들의 인터넷 사용을 촉진시키고 쇼핑행동에서부터 금융거래 등의 많은 라이프스타일을 변화시켰듯이, AI 분야의 기술은 더욱 빠르게 진행되고 있고 이전보다 훨씬 더 많은 분야에서 변화를 촉진시킬 것이라고 예측할 수 있다.

많은 전문가들은 AI가 사람의 역량을 높이고, 일부 영역에서는 사람의 노동을 대체하거나 새로운 직업을 창출할 것이라고 한다. AI 전환의 시대에 기업은 생산성을 향상시키기 위하여 지속적으로 혁신이 필요한 때이며, 개인 또한 AI와 협업하여 고유 역량을 높이는 일이 이제는 필수적인 사항으로 다가오고 있다. 즉, 앞으로는 AI를 잘 쓰는 사람이 못 쓰는 사람을 대체할 것이라고 예상할 수 있다.

한국의 인구구조 변화에서 눈에 띄게 달라지는 점은 실버 인구의 증가이다. 많은 산업에서 AI로 전환됨에 따라 노인들의 디지털 격차를 줄이는 것이 사회적인 과제가 될 것이다. AI 사용법을 모르면 시대를 따라가지 못하여 도태되고, 매우 비생산적이고 비효율적인 삶을 살 가능성이 매우 커진다. 조직이 아닌 개인 특히 시니어들도 개인적 삶에서 AI를 활용할 분야들이 많이 있다. 예를 들어, 건강관리, 재무설계, 취미생활, 사기 방지 등의 영역에서 AI 비서를 잘 활용하면 더 편안하고 안정되고 즐거운 삶을 누릴 수 있을 것이다.

이 책은 특히 시니어들에게 다양한 AI 활용법을 제공한다는 점에서 매우 유익할 것이다. 또한 이 책은 거대한 기술혁신인 AI를 활용하여 우리의 라이프스타일을 Redesign하는 데 많은 도움이 될 것이라고 확신한다.

- 숭실대학교 벤처중소기업학과 교수, 중소기업대학원장 최자영

AI 시대는 더이상 선택이 아닌 필수적인 변화의 흐름 속에 있다. 이 흐름에서 시니어들이 단지 수동적인 수용자가 아닌 능동적인 참여자가 되어야 한다고 믿는다. AI는 나이와 상관없이 모든 이에게 새로운 기회를 열어준다. 기술에 익숙하지 않더라도 AI는 이제 쉽게 다가갈 수 있는 도구이며 이를 잘 활용하면 삶의 질을 높이고 더욱 편리하고 스마트한 일상을 누릴 수 있다.

특히, 이 책은 AI 시대를 살아가는 데 필요한 기본적이고도 실용적인 지식을 제공함으로써 시니어들이 AI와 친숙해질 수 있도록 돕는다. AI 개인 비서, 스마트홈 시스템, 헬스케어 앱 등은 시니어들의 생활 속에 쉽게 접목될 수 있는 기술들이다. 이러한 기술들은 단순히 편리함을 넘어 시니어들이 독립적인 삶을 지속할 수 있도록 하는 힘을 가진다. 새로운 기술에 두려움을 느낄 필요 없이 이 책을 통해 AI의 작동 원리와 다양한 활용 사례를 이해하다 보면 AI가 얼마나 생활 속에 유용한지 깨닫게 될 것이다.

AI 시대에 필요한 능력은 단순히 기술적인 이해에 그치지 않는다. 문제 해결력, 비판적 사고, 그리고 끊임없이 배우고자 하는 학습 의지가 더욱 중요해진다. AI는 빠르게 발전하고 있기 때문에 스스로 새로운 정보와 지식을 적극적으로 습득하려는 자세가 필요하다. 또한, AI를 활용할 때 생길 수 있는 윤리적 문제에 대한 이해와 사회적 책임감을 갖는 것도 중요하다. AI 시대의 리더가 되는 것은 단지 기술을 다루는 능력뿐 아니라 이를 어떻게 안전하고 책임 있게 사용할지 고민하는 태도를 의미한다.

이 책은 AI 기술의 복잡함을 쉽게 풀어주며 시니어 독자들이 실제로 활용할 수 있도록 다양한 사례를 통해 친숙하게 설명한다. 시니어들이 AI를 통해 더 스마트하고 안전한 생활을 영위할 수 있도록 돕는 이 책은 디지털 시대에 필요한 실질적인 지침서이다. 이 책을 읽고 나면 AI에 대한 두려움을 넘어 자신감과 자부심을 가지고 새로운 도전을 할 수 있을 것이다. AI가 우리에게 가져다줄 무한한 가능성을 탐구하며 모두가 더 나은 미래를 만들어가길 바란다.

- (주)한돌 대표이사 노경훈

AI가 우리 사회에 깊숙이 스며들면서 모든 세대에 걸쳐 커다란 변화를 불러오고 있다. 안동시의회 의장으로서 지역 사회 발전에 힘써왔고, 현재는 경제도시 위원회에서 활동하며 이러한 변화를 직접적으로 체감하고 있다. 그런 나에게 『나만 알고 싶은 AI 활용 교과서: 시니어』는 시니어들이 AI를 쉽게 이해하고 실생활에 적용하는 데 큰 도움이 되는 책으로 다가왔다.

이 책은 복잡하게 느껴질 수 있는 AI 기술을 시니어들의 눈높이에 맞춰 쉽게 풀어낸다. 스마트폰의 AI 어시스턴트를 이용해 일정을 관리하고, 건강 관리 앱으로 개인 맞춤형 건강 케어를 받는 법, 그리고 스마트 홈 기술로 집안을 더욱 안전하고 편리하게 만드는 방법까지, 책의 설명은 친근하고 이해하기 쉽게 되어 있다. 이 책을 읽으면서 AI가 얼마나 우리 일상 가까이에 있는지 새삼 깨달았다.

또한 이 책은 시니어들이 단순히 AI의 수혜자가 아닌, 변화의 주체가 될 수 있음을 강조한다. 평생 학습을 통해 새로운 기술을 배우고, 후배 세대와 지식을 나누며 우리 사회에 긍정적인 영향을 미칠 수 있는 가능성을 보여준다. 시니어들도 AI 시대의 일원이 되어 능동적으로 사회 발전에 기여할 수 있다는 메시지는 매우 인상적이었다. 시니어들이 AI 시대의 일원으로 MZ 세대와의 활발한 소통을 통하여 사회 발전에 함께 기여할 수 있기를 희망한다.

이 책이 시니어 여러분께 AI 기술에 대한 두려움을 없애고, 스스로의 삶을 더욱 풍요롭게 만드는 데 큰 도움을 줄 것이라 확신한다. 시니어들이 AI를 배우고 활용하여 새로운 가능성을 발견해 보시길 바란다. 이 책이 그 여정에 훌륭한 안내자가 될 것이다.

- 안동시의원, 안동시 4차 산업혁명 조찬포럼 공동대표 이재갑

『나만 알고 싶은 AI 활용 교과서: 시니어』는 AI 기술을 통해 일상과 사회에서 새로운 가능성을 발견하려는 시니어들에게 특별한 영감을 주는 책이다. AI 시대에 시니어들이 겪는 고충을 깊이 이해하고, 이를 극복할 수 있는 실질적인 방법과 따뜻한 시선이 돋보인다. 이 책은 시니어들이 AI를 단순한 기술이 아닌, 삶을 풍요롭게 하고 자립심을 높이는 도구로 느끼게끔 돕는다.

AI에 대한 개념과 원리를 설명하는 과정에서 어려운 용어 대신 친숙하고 이해하기 쉬운 표현으로, AI가 어떻게 우리의 생활 속에 스며들어 있는지를 자연스럽게 전해준다. 스마트폰 비서, 건강 관리 앱, 가정에서 활용할 수 있는 다양한 AI 시스템을 통해 시니어 독자들이 AI를 실생활에서 쉽게 활용할 수 있도록 안내하는 내용은 마치 새로운 세계에 한 발 한 발 다가가며 익히는 기분을 준다. 이를 통해 AI가 시니어들의 일상을 더욱 편리하게 하고 안전하게 만들 수 있음을 인식하게 한다.

또한 이 책은 AI가 사람과 사람 사이의 관계를 넓혀주는 도구가 될 수 있음을 강조하며, AI와의 상호작용을 통해 시니어들이 새로운 친구를 만들거나 사회적 교류를 확장할 수 있는 가능성도 제시한다. 이는 AI가 단순히 기능적인 역할에 그치는 것이 아니라, 시니어들에게 심리적 안정과 새로운 소통의 기회를 제공할 수 있다는 점에서 특별하다. 이러한 AI와의 상호작용은 시니어들이 디지털 세계에 좀 더 쉽게 다가가게 하고, 시대의 흐름에 발맞추어 감정적으로도 연결되게 하는 힘이 있다.

더 나아가 이 책은 AI를 활용해 시니어들이 스스로 콘텐츠를 제작하고, 디지털 사회에서 의미 있는 참여자가 될 수 있는 방법을 제시한다. SNS와 AI 도구를 통해 자신만의 이야기를 만들어내고, 후배 세대와 지식과 경험을 나누는 과정을 통해 시니어들은 자신만의 목소리를 낼 수 있다. AI를 통해 시니어들이 경험과 지혜를 새로운 세대와 공유하는 이 과정은 단순한 기술 학습을 넘어 사회와의 연결을 강화하고, 세대 간 소통을 촉진하는 창의적이고 가치 있는 역할을 한다.

이 책은 변화의 속도에 두려움을 느낄 수 있는 시니어들에게 자신감을 불어넣고, AI와 함께 살아가는 시대에 새로운 가능성을 찾아갈 수 있도록 돕는 소중한 안내서이다. AI가 제공하는 편리함을 넘어, 새로운 경험과 관계, 자부심을 찾는 여정에 이 책이 든든한 동반자가 되리라 믿는다.

– 인제대학교 게임학과 교수 김태규

최근 인공지능(Artificial Intelligence)에 대한 사회적 관심이 높아지면서 다양한 AI 관련 서적과 디지털 자료들이 출간되고 있다. 그러나 이 자료의 대부분은 비즈니스 분야나 젊은층, 학생을 주 독자로 삼고 있어, 시니어들이 쉽게 접근하고 활용할 수 있는 자료는 여전히 부족한 실정이다. 이러한 가운데 시니어들이 AI를 배우고 실생활에 활용할 수 있도록 도와줄 도서, 『나만 알고 싶은 AI 활용 교과서: 시니어』가 출간됨을 진심으로 환영한다.

이 책은 디지털에 익숙하지 못한 시니어 독자들이 쉽게 이해하고 활용할 수 있도록 기초부터 차근차근 설명하며, 조금 더 전문적인 내용도 다루어 AI에 대한 심도 있는 학습이 가능하게 한다. 특히 일상생활에서 AI를 어떻게 활용할 수 있는지에 대한 구체적인 사례들이 풍부하게 담겨 있어 AI를 처음 접하는 분들도 직접적인 활용 방법을 통해 친근하게 다가갈 수 있다.

이제 막 AI에 대한 공부를 처음 시작하는 분들도 잘 따라갈 수 있도록 쉽게 서술된 점 또한 이 책의 큰 장점이다. 시니어 독자들이 AI 학습의 초기 장벽을 넘을 수 있도록 도와주며, 배움에 대한 자신감을 북돋워 줄 것이다. 또한 여러 저자들이 오랜 기간 동안 공동 집필한 이 책에는 다양한 시각과 경험이 녹아 있어 시니어 독자들이 AI를 새롭게 바라보고 이해할 수 있는 넓은 관점을 제공한다.

저는 이 책이 AI에 관심이 있는 모든 시니어분들께 큰 도움이 되리라 확신하며 적극 추천한다. 많은 시니어 학습자들에게 유익한 길잡이가 되어, 시대의 변화 속에서도 자신감을 가지고 능동적인 삶을 살아갈 힘을 얻으시기를 진심으로 바란다.

- 전 국립안동대학교 총장 이희재

목차

PART
01

AI는 무엇? 신비로운 세계로의 첫걸음

CHAPTER

01

AI의 이해와 활용: 새로운 시대의 혁신

1 AI의 정의와 발전

인공지능(AI)은 컴퓨터 시스템이 인간의 지능적 작업을 수행하거나 모방할 수 있도록 하는 기술이다. AI는 학습, 추론, 문제 해결, 인식, 언어 이해 등의 인간 지능과 관련된 작업을 수행한다. 이는 단순히 프로그래밍된 규칙을 따르는 것을 넘어, 데이터로부터 학습하고 경험을 통해 성능을 개선하는 능력을 포함한다.

AI의 역사는 1956년 다트머스 회의에서 '인공지능'이라는 용어가 처음 사용된 것으로 거슬러 올라간다. 앨런 튜링과 존 맥카시와 같은 초기 컴퓨터 과학자들이 AI의 기초를 다졌다. 초기 AI 연구는 체스나 퍼즐을 푸는 등의 간단한 작업을 수행하는 데 초점을 맞췄다. 그러나 1950~1960년대 초기 AI 연구는 많은 어려움에 직면했다. 이는 주로 제한된 계산 자원, 언어와 같은 복잡한 문제의 이해 부족, 그리고 고정된 규칙 기반 접근 방식의 한계에서 비롯되었다.

이후 전문가 시스템의 발전, 통계적 및 뉴럴 기계 번역의 등장, 기계 학습 알고리즘의 도입 등을 통해 AI는 이러한 한계를 극복하기 시작했다. 전문가 시스템은 특정 분야의 지식을 컴퓨터에 입력함으로써 전문적인 문제 해결이 가능해졌다. 예를 들어, MYCIN이라는 시스템은 의학 진단에 사용되어 당시 의사들보다 더 정확한 진단을 내리기도 했다.

2000년대 들어 컴퓨팅 파워와 데이터의 증가로 인해 머신러닝이 주목받기 시작했고, 이는 컴퓨터가 데이터를 통해 학습하고 예측하는 능력을 갖추게 했다. 특히 2010년대부터는 대규모 데이터와 강력한 컴퓨팅 자원을 활용한 딥러닝이 AI 발전의 핵심이 되었고, 이는 이미지 인식, 음성 인식, 자연어 처리 등 다양한 분야에서 혁신을 가져왔다.

현재 AI는 머신러닝(Machine Learning), 딥러닝(Deep Learning), 자연어 처리(Natural Language Processing, NLP) 등의 기술을 바탕으로 발전하고 있다. 머신러닝은 컴퓨터가 명시적인 프로그래밍 없이 데이터에서 학습하고 예측할 수 있도록 하는 AI의 한 분야로, 지도 학습, 비지도 학습, 강화 학습 등의 방법이 있다. 딥러닝은 다층 신경망을 사용하여 데이터에서 복잡한 패턴을 학습하는 방법으로, 특히 이미지 인식과 자연어 처리 분야에서 뛰어난 성능을 보인다.

 생성형 AI의 개념과 원리

생성형 AI는 주어진 데이터를 바탕으로 새로운 데이터를 만들어내는 인공지능 기술이다. 이는 텍스트, 이미지, 오디오 등 다양한 형태의 데이터를 생성할 수 있다. 대표적인 예로는 GPT-4와 같은 언어 모델이 있으며, 이러한 모델은 방대한 양의 데이터를 학습하여 인간의 언어 패턴을 이해하고, 이를 바탕으로 새로운 텍스트를 생성한다.

생성형 AI의 핵심은 패턴 인식과 데이터 생성이다. 이 기술은 기존 데이터를 분석하고, 학습한 패턴을 바탕으로 새로운 데이터를 생성한다. 소설의 새로운 장을 작성하거나, 사용자 지정 스타일의 그림을 그릴 수 있다. 더 나아가, 생성형 AI는 과학 연구나 신약 개발 등 복잡한 문제 해결에도 활용되고 있어, 그 잠재력은 무궁무진하다고 할 수 있다.

생성형 AI의 작동 원리는 크게 입력, 처리(또는 추론), 출력의 3단계로 이루어진다. 이는 인간의 인지 과정과 유사하며, 정보를 받아들이고, 처리하여, 결과를 도출하는 과정을 모방한다.

입력 단계는 사용자는 AI가 답을 생성할 수 있도록 기본 사항을 입력한다. 이를 'AI 프롬프팅'이라고 한다. 입력은 문자, 음성, 이미지, 동영상 등 다양한 형태가 될 수 있다.

처리 단계는 AI는 입력된 프롬프트를 바탕으로 복잡한 알고리즘과 자연어 처리 기술을 사용하여 적절한 답변을 생성한다. 이 과정에서 AI는 방대한 양의 학습 데이터를 활용하여 문맥을 이해하고, 사용자가 원하는 정보를 제공하기 위해 최적의 응답을 찾아낸다.

출력 단계는 AI가 생성한 답변은 사용자에게 전달되는 최종 결과물이다. 출력은 문자, 음성, 이미지, 동영상 등 다양한 형태로 이루어질 수 있다.

생성형 AI는 주로 딥러닝 기술을 사용하여 작동한다. 특히 GANs(Generative Adversarial Networks)와 같은 모델은 두 개의 신경망(생성자와 판별자)이 서로 경쟁하며 학습하는 구조로, 매우 현실적인 데이터를 생성할 수 있다. GANs는 실제 사람의 얼굴과 구분하기 어려운 가상의 인물 사진을 생성할 수 있다.

CHAPTER
02

AI의 다양한 활용 분야

 텍스트 생성

AI는 자연어 처리 기술을 이용하여 텍스트를 생성할 수 있다. 이는 자동 글쓰기, 문서 요약, 챗봇 대화 생성 등 다양한 응용 분야에서 활용된다. 예를 들어, GPT-4 모델은 특정 주제에 대해 매우 자연스러운 문장을 생성할 수 있다. 이는 뉴스 기사 작성, 블로그 포스트 작성, 소셜 미디어 콘텐츠 생성 등에서 유용하게 사용된다.

텍스트 생성 기술은 콘텐츠 제작, 고객 서비스, 교육 등 여러 분야에서 혁신적인 변화를 가져왔다. 고객 서비스 분야에서는 AI 챗봇을 통해 24시간 상담 서비스를 제공할 수 있게 되었으며, 많은 기업들이 AI 챗봇을 도입하여 고객의 문의에 신속하게 대응하고 있다. 이는 고객 만족도를 높이고 기업의 운영 비용을 절감하는 데 도움을 준다.

교육 분야에서는 AI가 학생들의 질문에 실시간으로 답변하고, 맞춤형 학습 자료를 제공할 수 있다. 예를 들어, AI 튜터링 시스템은 학생의 학습 패턴과 성과를 분석하여 개인화된 학습 계획을 제시할 수 있다. 이는 학생들의 학습 효율을 높이고, 교사들의 업무 부담을 줄이는 데 기여한다.

또한, 생성형 AI는 번역과 언어 학습에서도 중요한 역할을 한다. AI 번역기는 다양한 언어로 된 텍스트를 정확하게 번역할 수 있으며, 이는 국제 비즈니스와 커뮤니케이션을 크게 향상시킨다. 언어 학습 도구로서의 AI는 사용자에게 맞춤형 학습 경로를 제공하고, 발음 교정, 문법 수정 등을 도와준다. 특히 시니어 학습자들에게 AI 기반 언어 학습 도구는 자신의 페이스에 맞춰 학습할 기회를 제공하며, 반복 학습과 즉각적인 피드백을 통해 효과적인 학습을 가능하게 한다.

② 이미지 생성

생성형 AI는 이미지를 생성하는 데에도 사용된다. 이는 예술 작품, 디자인, 광고 등 다양한 분야에서 활용된다. GANs(Generative Adversarial Networks) 모델은 매우 현실적인 이미지를 생성할 수 있다. 예를 들어, AI는 고흐 스타일의 그림을 그리거나 새로운 패턴의 패브릭 디자인을 만들어낼 수 있다.

이미지 생성 기술은 창작 활동을 돕고 새로운 비즈니스 기회를 창출한다. 광고 분야에서는 AI가 생성한 이미지를 통해 더 효과적인 광고 캠페인을 만들 수 있다. 예를 들어, AI는 브랜드의 아이덴티티와 타겟 고객의 선호도를 분석하여 맞춤형 광고 이미지를 생성할 수 있다. 이는 광고의 효과를 높이고 제작 시간을 단축시킨다.

예술 분야에서도 AI는 새로운 가능성을 열고 있다. 예술가들은 AI를 도구로 활용하여 새로운 스타일의 작품을 창작하거나 AI와 협업하여 독특한 예술 작품을 만들어내고 있다. AI가 생성한 초상화가 크리스티 경매에서 높은 가격에 낙찰되는 등, AI 아트는 이미 예술 시장에서 주목받고 있다.

생성형 AI는 또한 의료 분야에서도 중요한 역할을 한다. AI는 의료 이미지를 분석하고, 새로운 이미지를 생성하여 질병 진단을 돕는다. MRI 스캔 이미지를 분석하여 초기 암 징후를 발견하고, 이를 기반으로 추가 검사를 제안할 수 있다. 또한, AI는 의료 이미지 데이터를 생성하여 의료진의 훈련에 활용되거나, 희귀 질병의 진단을 위한 데이터셋을 보강하는 데 사용될 수 있다.

③ 음악과 오디오 생성

생성형 AI는 음악과 오디오 생성에도 활용된다. AI는 주어진 음악 패턴을 학습하여 새로운 음악을 작곡할 수 있다. 이는 영화 음악, 게임 음악, 광고 음악 등 다양한 분야에서 사용될 수 있다. AI는 특정 장르의 음악을 학습하여 유사한 스타일의 새로운 곡을 만들어낼 수 있다. 이는 음악 창작자들에게 새로운 영감을 제공하거나, 배경 음악이 필요한 콘텐츠 제작자들에게 빠르고 저렴한 옵션을 제공한다.

오디오 생성 기술은 팟캐스트, 오디오북, 음성 안내 시스템 등에서도 유용하게 사용된다. AI는 자연스러운 음성으로 텍스트를 읽어줄 수 있으며, 이는 시각 장애인이나 바쁜 현대인들에게 큰 도움을 준다. AI 음성 비서는 사용자의 일정과 중요한 알림을 음성으로 전달할 수 있다. 이러한 기술은 특히 시니어들의 일상생활을 보조하는 데 유용하게 활용될 수 있다.

생성형 AI는 또한 음성 합성과 음성 변조에도 활용된다. AI는 사용자의 목소리를 학습하여 다양한 톤과 감정으로 음성을 생성할 수 있다. 이는 애니메이션, 비디오 게임, 가상 현실 등에서 더욱 몰입감 있는 경험을 제공할 수 있다. 예를 들어, 게임 캐릭터의 음성을 실시간으로 생성하여 플레이어와 자연스러운 대화를 나눌 수 있게 한다.

음악 치료 분야에서도 AI의 활용이 증가하고 있다. AI는 환자의 생체 신호나 감정 상태를 분석하여 적절한 음악을 생성하거나 추천할 수 있다. 이는 스트레스 감소, 집중력 향상, 수면 개선 등 다양한 목적으로 활용될 수 있다.

일상 속 AI

1 개인 비서

생성형 AI는 개인 비서 역할을 수행할 수 있다. 이는 일정 관리, 이메일 작성, 정보 검색 등 다양한 작업을 자동화하여 사용자에게 편리함을 제공한다. AI 비서는 사용자의 일정을 관리하고 중요한 일을 상기시켜준다. 이는 바쁜 현대인들에게 큰 도움이 된다.

개인 비서 AI는 스마트폰이나 스마트 스피커 등을 통해 쉽게 접근할 수 있다. 구글 어시스턴트나 애플의 시리와 같은 AI 비서는 다양한 명령을 인식하고 실행할 수 있으며, 사용자는 음성 명령으로 날씨 정보를 요청하거나, 길 안내를 받을 수 있다.

더 나아가, 개인 비서 AI는 사용자의 취향과 습관을 학습하여 개인화된 서비스를 제공할 수 있다. 예를 들어, AI는 사용자의 음악 청취 기록을 분석하여 새로운 음악을 추천하거나, 과거의 식당 예약 기록을 바탕으로 유사한 스타일의 레스토랑을 추천할 수 있으며, 이를 통해 사용자는 더욱 편리하고 만족스러운 경험을 할 수 있다.

특히 시니어 사용자들에게 AI 개인 비서는 일상생활을 보조하는 중요한 도구가 될 수 있다. 약 복용 시간 알림, 병원 예약 관리, 응급 상황 시 빠른 연락 등의 기능은 시니어들의 건강과 안전을 지키는 데 도움을 줄 수 있다.

스마트 홈

생성형 AI는 스마트 홈 기술에도 활용된다. 이는 집안의 조명, 온도, 보안 시스템 등을 자동으로 조절하여 사용자에게 편리함과 안전을 제공한다. AI는 사용자의 생활 패턴을 학습하여 적절한 시간에 조명을 켜거나 끌 수 있다. 또한, AI는 집안의 온도를 최적화하여 에너지를 절약할 수 있다.

스마트 홈 기술은 에너지 절약과 생활의 질 향상에 기여한다. AI는 사용자의 취향에 맞춰 집안 환경을 최적화할 수 있다. AI는 사용자가 집에 돌아오기 전에 적절한 온도로 실내를 조절해 놓을 수 있으며, 집안의 보안 시스템을 관리하여 침입을 감지하고 경고를 보낼 수도 있다.

스마트 홈 AI는 가전제품과의 연동을 통해 더욱 편리한 생활을 제공한다. AI는 냉장고의 식품 재고를 관리하고, 필요한 식료품을 자동으로 주문할 수 있다. 또한, 세탁기는 AI를 통해 빨래의 종류와 양에 따라 최적의 세탁 방법을 제안할 수 있다.

시니어들에게 스마트 홈 기술은 특히 유용할 수 있다. AI는 시니어의 움직임을 모니터링하여 낙상과 같은 위험 상황을 감지하고 즉시 도움을 요청할 수 있다. 또한, 약 복용 시간을 알려주거나, 규칙적인 식사와 수분 섭취를 상기시켜주는 등 일상생활을 보조하는 역할을 할 수 있다. 이를 통해 시니어들은 더 오랫동안 독립적이고 안전한 생활을 영위할 수 있다.

건강 관리

생성형 AI는 건강 관리에도 큰 도움을 줄 수 있다. AI는 사용자의 건강 데이터를 분석하여 맞춤형 건강 조언을 제공한다. AI는 사용자의 심박수, 수면 패턴, 운동 데이터를 모니터링하고, 이를 바탕으로 건강 상태를 분석할 수 있다.

AI는 또한 건강 관리 앱을 통해 사용자의 건강 목표를 설정하고 이를 달성할 수 있도록 도와준다. 예를 들어, AI는 사용자의 식단을 분석하고 필요한 영양소를 추천할 수 있으며, AI는 사용자의 운동 계획을 세우고, 이를 실천할 수 있도록 동기부여를 제공한다.

의료 분야에서 AI의 역할은 더욱 중요해지고 있다. AI는 의료 이미지를 분석하고, 질병 진단을 돕는다. MRI 스캔 이미지를 분석하여 초기 암 징후를 발견하고, 이를 기반으로 추가 검사를 제안할 수 있다. 또한, AI는 환자의 유전자 데이터를 분석하여 맞춤형 치료 계획을 세울 수 있다.

특히 시니어 건강 관리에 있어 AI의 역할이 주목받고 있다. AI는 시니어들의 일상적인 건강 상태를 모니터링하고, 이상 징후를 조기에 발견할 수 있다. 예를 들어, AI는 시니어의 보행 패턴 변화를 감지하여 낙상 위험을 예측하거나, 말투의 변화를 분석하여 인지 기능 저하의 징후를 파악할 수 있다. 이를 통해 시니어들은 더욱 건강하고 안전한 노후를 보낼 수 있다.

 ## 엔터테인먼트

생성형 AI는 엔터테인먼트 분야에서도 활발히 활용된다. AI는 사용자의 취향을 분석하여 맞춤형 콘텐츠를 추천할 수 있다. 넷플릭스는 AI를 통해 사용자가 좋아할 만한 영화와 TV 프로그램을 추천한다. 이는 사용자의 만족도를 높이고, 더 많은 콘텐츠를 소비하게 만든다.

AI는 게임 분야에서도 중요한 역할을 한다. 게임 내 NPC(비 플레이어 캐릭터)의 행동을 제어하고, 게임의 난이도를 조절하여 사용자가 더욱 몰입할 수 있도록 돕는다. AI는 사용자의 게임 플레이 스타일을 분석하고, 이를 바탕으로 적절한 난이도를 설정할 수 있다. 이는 게임의 재미를 높이고, 사용자의 게임 경험을 개선한다.

음악 스트리밍 서비스에서도 AI는 중요한 역할을 한다. AI는 사용자의 음악 청취 패턴을 분석하여 맞춤형 플레이리스트를 생성할 수 있다. 예를 들어, 스포티파이는 AI를 통해 사용자가 좋아할 만한 곡을 추천하고, 이를 바탕으로 새로운 아티스트를 발견할 수 있도록 돕는다. 이는 음악 산업에 새로운 기회를 제공하며, 사용자에게는 더욱 풍부한 음악 경험을 선사한다.

또한, AI는 가상현실(VR)과 증강현실(AR) 기술과 결합하여 더욱 몰입감 있는 엔터테인먼트 경험을 제공한다. AI는 VR 게임에서 사용자의 행동에 실시간으로 반응하는 가상 환경을 생성할 수 있다. AR 기술과 결합된 AI는 실제 환경에 가상의 요소를 자연스럽게 통합하여, 새로운 형태의 엔터테인먼트 경험을 만들어낸다.

시니어들을 위한 엔터테인먼트 분야에서도 AI의 활용이 증가하고 있다. AI는 시니어들의 인지 능력 향상을 위한 게임을 개발하거나, 그들의 관심사와 건강 상태에 맞는 콘텐츠를 추천할 수 있다. 또한, AI 기반의 가상 여행 프로그램은 이동이 어려운 시니어들에게 새로운 경험의 기회를 제공한다.

CHAPTER
04

AI의 사회적 영향

 1 **경제적 영향**

생성형 AI는 경제 전반에 걸쳐 큰 영향을 미치고 있다. AI는 생산성을 높이고 비용을 절감하며, 새로운 비즈니스 기회를 창출한다. AI는 제조업에서 자동화를 도입하여 생산 효율을 극대화할 수 있다. 자동차 제조 공정에서 AI 로봇의 도입은 생산 속도를 높이고 불량률을 낮추는 데 기여하고 있다.

AI는 물류와 공급망 관리에서도 중요한 역할을 한다. AI 기반의 물류 시스템은 실시간 데이터를 분석하여 최적의 경로를 계획하고, 비용을 절감할 수 있다. 아마존은 AI를 활용하여 주문 예측, 재고 관리, 배송 최적화 등을 수행하고 있으며, 이를 통해 운영 효율성을 크게 향상시켰다.

AI는 또한 노동 시장에 영향을 미친다. AI의 도입으로 인해 일부 직업은 사라질 수 있지만, 새로운 직업도 생겨난다. 예를 들어, 데이터 과학자, AI 엔지니어, 로봇 공학자와 같은 새로운 직업이 등장하고 있다. 이러한 변화는 시니어 세대에게도 새로운 기회를 제공한다. 경험과 지혜를 AI 기술과 결합하여 자문 역할을 수행하거나, AI 기술을 활용한 새로운 비즈니스를 시작할 수 있다. 또한, AI는 시니어들의 경험을 디지털화하여 후세대에 전달하는 데 도움을 줄 수 있다.

AI는 금융 시장에서도 중요한 역할을 한다. AI는 주식 거래를 자동화하고, 금융 데이터를 분석하여 투자 전략을 수립할 수 있다. AI는 대규모 데이터를 실시간으로 분석하여 시장의 변동을 예측하고, 이를 바탕으로 최적의 투자 결정을 내릴 수 있다. 이는 투자자들에게 큰 혜택을 제공하며, 금융 시장의 효율성을 높인다.

사회적 변화

생성형 AI는 사회 전반에 걸쳐 다양한 변화를 가져오고 있다. AI는 교육, 의료, 교통, 환경 등 여러 분야에서 혁신적인 변화를 이끌어내고 있다.

교육 분야에서 AI는 맞춤형 학습을 제공하여 학생들의 학습 성과를 높일 수 있다. AI 기반 교육 시스템은 학생들의 학습 데이터를 분석하여 개인별 학습 경로를 제시하고, 부족한 부분을 보완할 수 있는 맞춤형 학습 자료를 제공한다. 예를 들어, Duolingo와 같은 언어 학습 앱은 AI를 활용하여 사용자의 학습 패턴을 분석하고 개인화된 학습 계획을 제공한다.

의료 분야에서 AI는 질병의 조기 진단과 맞춤형 치료 계획 수립에 활용되고 있다. AI는 의료 데이터를 분석하여 질병을 조기에 진단하고, 맞춤형 치료 계획을 수립할 수 있다. AI는 환자의 유전자 데이터를 분석하여 특정 질병에 대한 취약성을 예측하고, 이를 바탕으로 예방 조치를 취할 수 있다. 또한, AI는 의료 연구에 활용되어 새로운 치료법 개발에 기여하고 있다.

교통 분야에서 AI는 자율주행 기술의 발전을 이끌고 있다. AI 기반의 자율주행 시스템은 도로 상황을 실시간으로 분석하고 안전한 주행을 가능하게 한다. 이는 교통사고 감소와 이동 효율성 향상에 기여할 것으로 예상된다.

환경 보호에도 AI는 중요한 역할을 한다. AI는 기후 변화를 예측하고 환경 데이터를 분석하여 효과적인 대응 전략을 수립할 수 있다. AI는 탄소 배출량을 모니터링하고 이를 줄이기 위한 방안을 제안할 수 있다. 또한, AI는 재생 에너지의 효율성을 높이는 데 기여할 수 있다. AI 기반 시스템은 태양광 패널의 효율성을 모니터링하고 최적의 설치 위치를 제안하여 에너지 생산을 극대화할 수 있다.

윤리적 고려 사항

AI의 발전과 함께 윤리적 고려 사항도 중요해지고 있다. 생성형 AI는 강력한 도구이지만 잘못 사용될 경우 심각한 윤리적 문제를 초래할 수 있다.

가짜 뉴스와 딥페이크 영상의 생성은 AI 기술의 오용으로 인한 대표적인 문제이다. AI가 생성한 가짜 뉴스나 딥페이크 영상은 사회적 혼란을 야기할 수 있다. 이러한 문제를 방지하기 위해 AI 기술의 개발과 사용에는 윤리적 가이드라인이 필요하다. AI 생성 콘텐츠에 대한 명확한 표시 의무화나, 딥페이크 탐지 기술의 개발 등이 논의되고 있다.

개인정보 보호 문제도 AI와 관련된 중요한 윤리적 이슈이다. AI 시스템은 대량의 데이터를 수집하고 분석하는데, 이 과정에서 개인정보가 유출될 위험이 있다. 따라서 AI 시스템의 개발과 운영에서는 개인정보 보호를 위한 적절한 조치가 필요하다. 예를 들어, 데이터 암호화, 익명화 기술 등을 활용하여 개인정보를 보호할 수 있다.

AI의 공정성과 투명성도 중요한 윤리적 고려 사항이다. AI 시스템은 인간의 편견을 반영하거나 특정 그룹에 불리한 결정을 내릴 수 있다. 이를 방지하기 위해 AI 알고리즘의 공정성과 투명성을 확보하는 것이 중요하다. AI 모델의 학습 데이터와 결정 과정을 공개하고 독립적인 검증을 통해 공정성을 보장할 수 있다.

특히 시니어 세대를 위한 AI 기술 개발에서는 연령 차별이 없도록 주의해야 한다. AI 시스템은 시니어들의 다양한 능력과 요구사항을 고려하여 설계되어야 하며, 사용자 인터페이스는 시니어들이 쉽게 이해하고 사용할 수 있도록 직관적이고 접근성이 높아야 한다. 또한, AI 기술 교육 프로그램을 통해 시니어들의 디지털 리터러시를 향상시키고, AI 기술의 혜택을 충분히 누릴 수 있도록 지원해야 한다.

생성형 AI는 우리의 삶을 혁신적으로 변화시키고 있다. 다양한 분야에서 AI 기술을 활용함으로써 우리는 더 효율적이고 창의적인 생활을 누릴 수 있게 되었다. AI는 텍스트, 이미지, 음악 생성부터 개인 비서, 스마트 홈, 건강 관리, 엔터테인먼트에 이르기까지 광범위한 영역에서 활용되고 있다.

AI의 발전은 경제적으로 큰 영향을 미치며 생산성 향상과 새로운 비즈니스 기회 창출에 기여하고 있다. 또한, 교육, 의료, 환경 등 다양한 사회 분야에서 혁신적인 변화를 이끌어내고 있다.

그러나 AI의 발전은 동시에 윤리적 문제와 사회적 도전과제를 제기한다. 가짜 정보의 확산, 개인정보 보호, AI의 편향성 등은 우리가 해결해야 할 중요한 과제이다. 특히 시니어를 포함한 모든 세대가 AI의 혜택을 공평하게 누릴 수 있도록 하는 것이 중요하다.

AI의 발전은 앞으로도 계속될 것이며 우리는 이를 통해 더욱 풍요로운 미래를 기대할 수 있다. AI와 함께하는 세상에서 우리는 더욱 스마트하고 연결된 삶을 살 수 있을 것이다. 그러나 이러한 미래를 실현하기 위해서는 AI의 사회적 영향과 윤리적 고려 사항을 이해하고 적절한 대처방안을 마련하는 것이 중요하다. 이를 통해 우리는 AI의 혜택을 극대화하면서도 그로 인한 부정적인 영향을 최소화할 수 있을 것이다.

앞으로의 AI 시대에서 우리는 더욱 지혜롭고 윤리적인 선택을 통해 지속 가능한 발전을 이루어 나가야 할 것이다. 이를 위해서는 다음과 같은 노력이 필요하다.

1. **AI 리터러시 향상**: 모든 세대, 특히 시니어들을 포함한 전 연령층이 AI 기술을 이해하고 활용할 수 있도록 교육 프로그램을 제공해야 한다. 이는 디지털 격차를 줄이고 AI 기술의 혜택을 모두가 누릴 수 있게 할 것이다.

2. **윤리적 가이드라인 수립**: AI 개발과 사용에 대한 명확한 윤리적 가이드라인을 수립하고 이를 준수해야 한다. 이는 AI의 오용을 방지하고 공정하고 투명한 AI 시스템을 구축하는 데 도움이 될 것이다.

3. **규제와 정책 마련**: AI 기술의 발전 속도에 맞춰 적절한 규제와 정책을 마련해야 한다. 이는 AI의 안전한 사용을 보장하고 개인정보를 보호하는 데 중요하다.

4. 학제 간 연구 촉진: AI 기술의 발전과 그 영향에 대한 이해를 깊이 있게 하기 위해 기술, 인문학, 사회과학 등 다양한 분야의 학제 간 연구를 촉진해야 한다.

5. 지속적인 모니터링과 평가: AI 시스템의 성능과 영향을 지속적으로 모니터링 하고 평가해야 한다. 이를 통해 발생할 수 있는 문제를 조기에 발견하고 해결할 수 있다.

6. 국제적 협력 강화: AI 기술의 발전과 그 영향은 전 세계적인 현상이므로, 국제적 협력을 통해 공동의 표준과 규범을 만들어가야 한다.

7. 인간 중심의 AI 개발: AI 기술이 인간의 능력을 대체하는 것이 아니라 보완하고 강화하는 방향으로 개발되어야 한다. 이를 통해 인간과 AI가 협력하여 더 나은 결과를 만들어낼 수 있다.

8. 다양성과 포용성 고려: AI 시스템 개발 시 다양한 배경의 사람들이 참여하여 다양한 관점과 요구사항이 반영될 수 있도록 해야 한다. 이는 AI 시스템의 편향성을 줄이고 모든 사용자에게 공평한 혜택을 제공하는 데 도움이 될 것이다.

9. 지속 가능한 AI 개발: AI 시스템의 개발과 운영이 환경에 미치는 영향을 고려해야 한다. 에너지 효율적인 AI 모델 개발, 친환경적인 데이터 센터 운영 등을 통해 AI의 환경 영향을 최소화해야 한다.

10. AI 교육 강화: 초중고 교육부터 대학, 그리고 평생 교육에 이르기까지 AI 관련 교육을 강화해야 한다. 이는 미래 세대가 AI 시대에 적응하고 새로운 기회를 창출할 수 있도록 준비시키는 데 중요하다.

생성형 AI를 비롯한 AI 기술의 발전은 우리 사회에 큰 변화를 가져오고 있다. 이러한 변화는 많은 기회와 도전을 동시에 제공한다. 우리는 AI 기술의 잠재력을 최대한 활용하면서도 그로 인한 부작용을 최소화하기 위해 지속적으로 노력해야 한다.

AI는 단순히 기술적 도구가 아니라 우리 사회와 문화를 변화시키는 힘을 가지고 있다. 따라서 AI의 발전 방향을 결정하는 것은 기술자들만의 몫이 아니라 사회 구성원 모두의 책임이다. 우리는 AI가 어떤 사회를 만들어갈지에 대한 비전을 공유하고 그 비전을 실현하기 위해 협력해야 한다.

결론적으로, AI 시대는 이미 시작되었으며 우리는 이제 AI와 함께 살아가는 방법을 배워야 한다. AI를 두려워하거나 거부하기보다는 AI를 이해하고 현명하게 활용하는 것이 중요하다. 이를 통해 우리는 AI의 혜택을 최대화하고 더 나은 미래를 만들어갈 수 있을 것이다. AI는 우리의 도구이며 그 도구를 어떻게 사용할지는 우리의 선택에 달려 있다. 우리가 만들어갈 AI의 미래는 우리의 현재의 결정과 행동에 달려 있다.

CHAPTER 05

AI의 미래 전망

AI 기술은 계속해서 발전하고 있으며 향후 몇 년 동안 더욱 혁신적인 변화를 가져올 것으로 예상된다. 다음은 AI의 주요 미래 전망들이다.

1. **강화된 자연어 처리**: AI는 인간의 언어를 더욱 정확하게 이해하고 생성할 수 있게 될 것이다. 이는 더욱 자연스러운 인간-AI 상호작용을 가능하게 할 것이며, 언어 장벽을 극복하는 데 큰 도움이 될 것이다.

2. **감정 인식 AI**: AI가 인간의 감정을 인식하고 적절히 반응할 수 있게 될 것이다. 이는 고객 서비스, 정신 건강 관리, 교육 등 다양한 분야에서 활용될 수 있다.

3. **설명 가능한 AI**(Explainable AI): AI의 의사결정 과정을 인간이 이해할 수 있도록 설명하는 기술이 발전할 것이다. 이는 AI 시스템의 투명성과 신뢰성을 높이는 데 중요한 역할을 할 것이다.

4. **AI와 인간의 협업 강화**: AI는 인간의 능력을 보완하고 증강하는 방향으로 발전할 것이다. 예를 들어, 의료 분야에서 AI는 의사의 진단을 보조하고, 창작 분야에서는 예술가의 창의성을 확장하는 도구로 사용될 것이다.

5. **양자 컴퓨팅과 AI의 결합**: 양자 컴퓨팅 기술의 발전은 AI의 연산 능력을 크게 향상시킬 것이다. 이는 더욱 복잡한 문제 해결과 대규모 데이터 처리를 가능하게 할 것이다.

6. **지속 가능한 AI**: 에너지 효율적인 AI 모델과 친환경적인 AI 인프라 개발이 중요해질 것이다. AI가 기후 변화 대응, 자원 관리 등 환경 문제 해결에 더욱 적극적으로 활용될 것이다.

1 AI가 가져올 사회 변화

AI의 발전은 우리 사회 전반에 걸쳐 큰 변화를 가져올 것이다. 이러한 변화는 긍정적인 측면과 함께 새로운 도전과제를 제시할 것이다.

1. **노동 시장의 변화**: AI와 자동화로 인해 일부 직업은 사라지겠지만, 동시에 새로운 직업이 생겨날 것이다. 평생 학습과 재교육의 중요성이 더욱 커질 것이며, 창의성, 감성 지능, 비판적 사고력 등 AI가 대체하기 어려운 인간의 능력이 더욱 중요해질 것이다.

2. **교육 시스템의 변화**: AI를 활용한 개인화된 학습이 보편화될 것이다. 교육의 목표도 단순한 지식 습득에서 AI와 협업할 수 있는 능력, 문제 해결 능력, 창의성 개발 등으로 변화할 것이다.

3. **의료 서비스의 혁신**: AI를 통한 정밀 의료, 예방 의학, 원격 의료 등이 발전할 것이다. 이는 의료 서비스의 질을 향상시키고, 의료 격차를 줄이는 데 기여할 것이다.

4. **도시와 교통의 변화**: 스마트 시티와 자율주행 기술의 발전으로 도시 생활과 이동 방식이 크게 변화할 것이다. 에너지 효율성이 높아지고, 교통 체증과 사고가 줄어들 것이다.

5. **개인화된 서비스의 확대**: AI는 개인의 선호도와 행동 패턴을 분석하여 더욱 맞춤화된 서비스를 제공할 것이다. 이는 소비자 경험을 향상시키지만, 동시에 개인정보 보호에 대한 우려도 증가시킬 것이다.

6. **민주주의와 의사결정 과정의 변화**: AI가 정책 결정, 여론 분석 등에 활용되면서 민주주의 과정에도 영향을 미칠 것이다. 이는 더 효율적인 의사결정을 가능하게 할 수 있지만, 동시에 AI 시스템의 편향성과 조작 가능성에 대한 우려도 제기될 것이다.

7. **글로벌 불평등 심화 가능성**: AI 기술에 대한 접근성과 활용 능력의 차이로 인해 국가 간, 계층 간 불평등이 심화될 수 있다. 이를 방지하기 위한 국제적

협력과 정책적 노력이 필요할 것이다.

8. 윤리적 딜레마의 증가: AI의 의사결정이 윤리적 문제를 야기할 수 있다. 예를 들어, 자율주행 차량의 사고 상황에서의 선택, AI의 창작물에 대한 저작권 문제 등 새로운 윤리적, 법적 문제가 대두될 것이다.

이러한 변화와 도전에 대비하기 위해서는 사회 전체의 준비가 필요하다. 정부, 기업, 교육 기관, 시민 사회 등 모든 이해관계자들이 협력하여 AI 시대에 대비한 전략을 수립하고 실행해야 한다. 특히 AI 기술의 혜택이 사회 전체에 고루 분배되도록 하는 것이 중요하다.

또한, AI 기술 발전과 함께 인간의 가치와 윤리에 대한 깊이 있는 성찰도 필요하다. AI가 대체할 수 없는 인간만의 고유한 가치는 무엇인지 AI 시대에 인간다움이란 무엇인지에 대한 철학적, 윤리적 논의가 지속되어야 할 것이다.

결론적으로, AI는 우리 사회에 큰 변화를 가져올 것이다. 이러한 변화를 두려워하기보다는 적극적으로 대비하고 활용하는 자세가 필요하다. AI를 우리의 삶을 개선하고 사회의 문제를 해결하는 도구로 현명하게 사용한다면 우리는 AI와 함께 더 나은 미래를 만들어갈 수 있을 것이다.

메모

골목길 안내자 AI,
시니어들의 신나는 모험

CHAPTER 01

AI의 일상 속 여행

1 AI는 어떻게 우리의 일상에 스며들었나

인공지능(AI)은 이제 우리의 일상생활에서 뗼 수 없는 중요한 기술로 자리 잡았다. SF 영화나 소설에서나 볼 법한 기술이었던 AI는 이제 거의 모든 분야에 널리 퍼져 우리 삶을 더 편리하고 효율적으로 만들어 주고 있다.

스마트폰과 AI

MS의 코파일럿, 네이버 클로바, 삼성 빅스비 등 음성 인식 AI는 사용자의 음성을 인식해 다양한 명령을 수행한다. 날씨를 확인하거나, 메시지를 보내고, 음악을 재생하는 등 음성 명령만으로도 다양한 일을 할 수 있다. AI는 사진을 자동으로 분류하고, 얼굴 인식을 통해 특정 인물의 사진을 쉽게 찾아볼 수 있게 해준다. 구글 포토나 애플의 사진 앱은 AI 기술을 통해 사진을 날짜, 장소, 인물별로 자동 정리해 준다. 이 외에도 다양한 글로벌 서비스들, 애플의 Siri, 구글 어시스턴트, 아마존의 Alexa 등이 한국어 지원을 확대하고 있다. 이러한 AI 어시스턴트들은 계속해서 발전하며, 더욱 자연스러운 대화와 복잡한 작업 수행이 가능해지고 있다. 시니어들도 이러한 기술을 활용하여 일상생활을 더욱 편리하게 만들 수 있다.

건강 관리와 AI

AI는 우리의 건강을 모니터링하고 관리하는 데 큰 도움을 준다. 스마트워치와 같은 웨어러블 디바이스는 심박수, 걸음 수, 수면 패턴 등을 모니터링한다. 사용자는 자신의 건강 상태를 실시간으로 확인하고, 필요할 때 적절한 조치를 취할 수 있다. 헬스케어 앱은 사용자에게 맞춤형 운동 계획을 제시하고, 식단을 관리하며, 건강 관련 조언을 한다. 이러한 앱들은 사용자의 건강 데이터를 분석해 더 나은 생활 습관을 유지하도록 도와준다. 특히 시니어들에게는 만성질환 관리, 약물 복용 알림, 응급 상황 감지 등의 기능이 유용하게 활용될 수 있다. 예를 들어, 일부 AI 기반 앱은 사용자의 움직임 패턴을 분석하여 낙상 위험을 예측하고 예방 조치를 제안한다.

스마트 홈과 AI

KT 기가지니(GiGA Genie), SKT 누구(NUGU), 삼성 빅스비(Bixby) 등의 스마트 스피커는 음성 명령을 통해 가전제품을 제어하고, 음악을 재생하며, 일정을 관리한다. AI 기술이 탑재된 냉장고, 세탁기, 에어컨 등은 사용자에게 더 나은 편의성을 제공한다. AI 냉장고는 식품의 유통기한을 관리하고, 필요한 식료품을 추천하며, 세탁기는 빨래의 종류와 양에 따라 최적의 세탁 방법을 제한한다.

교통과 AI

AI는 자율 주행 기술의 핵심이다. 자율 주행 자동차는 AI를 통해 도로 상황을 인식하고 주변 차량과 보행자를 감지하며 안전하게 운전할 수 있도록 하여 교통사고를 줄이고, 교통 흐름을 개선한다. AI 기반 내비게이션 앱은 실시간 교통 정보를 분석해 최적의 경로를 제시한다. 사용자는 더 빠르고 효율적으로 목적지에 도착할 수 있다.

엔터테인먼트와 AI

넷플릭스, 유튜브, 왓챠, 웨이브 등 스트리밍 서비스는 AI를 통해 사용자의 취향을 분석하고 맞춤형 콘텐츠를 추천한다. 사용자는 자신의 취향에 맞는 영화, 동영상, 음악을 쉽게 찾을 수 있다. AI는 게임에서도 중요한 역할을 한다. AI는 게임 내 NPC(비 플레이어 캐릭터)의 행동을 제어하고 게임의 난이도를 조절하며 사용자에게 더 몰입감 있는 게임 경험을 제공한다.

이처럼 AI는 우리의 일상 곳곳에 깊숙이 스며들어 다양한 방식으로 우리의 삶을 더욱 편리하고 풍요롭게 만들어 주고 있다. 시니어들도 이러한 AI 기술들을 이해하고 활용함으로써 더욱 스마트하고 안전한 일상을 누릴 수 있다.

 ## 시니어들이 쉽게 접할 수 있는 AI 서비스와 도구들

스마트폰 AI 어시스턴트

"오늘 날씨 어때?"와 같은 간단한 음성 명령으로 정보를 얻거나 작업을 수행할 수 있으며, 음성으로 일정을 추가하고, 알림을 설정하여 중요한 약속을 놓치지 않도록 도와준다. 음성 명령으로 문자 메시지를 보내거나 전화를 걸 수 있어 손쉽게 연락을 취할 수 있다(애플 Siri, 구글 어시스턴트, 삼성 빅스비).

건강 관리 앱

걸음 수, 운동 시간, 소모된 칼로리 등을 자동으로 기록하여 건강 관리를 도와주며, 스마트워치를 통해 실시간으로 심박수를 모니터링하고 이상 징후를 감지한다. 개인의 건강 데이터를 분석하여 맞춤형 건강 조언을 한다(채움 건강앱, 구글 핏, 삼성 헬스).

스마트 홈 디바이스

스마트 플러그를 사용하면 "불 꺼줘."와 같은 명령으로 집안의 조명이나 가전제품을 제어할 수 있으며, AI 기반 보안 카메라는 센서를 통해 집안의 안전을 모니터링하고 경고를 한다(아마존 에코, 구글 홈, 스마트 플러그).

엔터테인먼트 서비스

사용자의 시청 및 청취 기록을 분석하여 취향에 맞는 콘텐츠를 추천해 주며, 음성 명령으로 영화, 드라마, 음악 등을 쉽게 검색하고 재생할 수 있다.

유튜브의 자동 자막 기능을 통해 영상 콘텐츠를 더욱 쉽게 이해할 수 있다(넷플릭스, 유튜브, 왓차, 웨이브).

온라인 쇼핑 및 배달 서비스

AI를 통해 개인의 구매 이력을 분석하여 취향에 맞는 상품을 추천하고, 스마트폰이나 스마트 스피커를 통해 음성으로 상품을 주문할 수 있다.

AI 챗봇을 통해 빠르고 간편하게 고객 지원을 받을 수 있다(카카오톡, 쿠팡, 마켓컬리).

교통 및 내비게이션

실시간으로 교통 상황을 분석하고 최적의 경로를 제시하며, 음성 명령으로 목적지를 설정하고, 길 안내를 받을 수 있다. AI가 교통 패턴을 분석하여 예상 도착시간을 더욱 정확하게 제공한다(네이버 지도, 티맵, 카카오내비).

AI 서비스와 도구들은 기술에 익숙하지 않은 시니어들도 손쉽게 사용할 수 있도록 직관적이고 간단하게 설계된 점이 큰 장점이다. 이러한 도구들을 활용함으로써 시니어들은 더욱 스마트하고 효율적인 생활을 누릴 수 있다.

3 AI 기술의 다양한 적용 사례

의료 및 건강 관리

AI는 X-ray, MRI, CT 스캔 등의 의료 이미지를 분석하여 암이나 다른 질병을 조기에 발견할 수 있다. 구글의 딥마인드는 안과 질환을 조기에 발견하는 데 AI를 사용하고 있다. AI는 환자의 유전자 정보와 병력 데이터를 분석하여 개인 맞춤형 치료 계획을 세운다. IBM의 왓슨 헬스(Watson Health)는 암 치료에 이러한 기술을 활용하고 있다. 스마트워치와 같은 웨어러블 기기는 AI를 통해 심박수, 혈압, 산소 포화도 등을 실시간으로 모니터링한다(애플 워치의 심박수 모니터링 기능). AI 기반 헬스 앱은 사용자에게 맞춤형 운동 계획과 영양 조언을 한다. 눔(Noom)은 사용자의 식습관과 운동 패턴을 분석하여 맞춤형 다이어트 계획을 제공한다.

금융 서비스

AI는 주식 시장 데이터를 분석하여 최적의 거래 시점을 예측하고 자동으로 거래를 실행한다. 많은 금융 회사들이 이러한 AI 기반 알고리즘을 사용하고 있다. AI는 다양한 데이터 포인트를 분석하여 개인의 신용 점수를 산정하고, 대출 승인 과정에서 정확한 신용 평가를 가능하게 한다. 금융 기관들은 AI 챗봇을 통해 고객 문의를 신속하게 처리하고, 거래 패턴을 분석하여 비정상적인 거래를 감지하며, 금융 사기를 예방한다.

교육

AI는 학생들의 학습 패턴을 분석하여 개인 맞춤형 학습 계획을 제공한다(Duolingo(듀오링고)와 같은 언어 학습 앱). AI는 시험 답안을 자동으로 채점하고 피드백을 제공하여 교사의 업무 부담을 줄인다(Gradescope(그레이드스코프)와 같은 플랫폼). 구글 번역과 같은 AI 기반 번역 도구는 다양한 언어 간의 실시간 번역을 제공하고, AI 기반의 지식 검색 엔진은 학생들이 필요한 정보를 빠르고 정확하게 찾을 수 있도록 한다. Wolfram Alpha(울프럼 알파)는 복잡한 수학 문제를 해결하는 데 도움을 준다.

교통

테슬라와 같은 회사들은 AI를 활용하여 교통사고를 줄이고 운전의 편의성을 높이려 노력하고 있으며, 아마존 프라임 에어와 같은 서비스는 AI 기반 드론을 통해 빠르고 효율적인 배송을 제공한다. AI는 교통량을 실시간으로 분석하여 교통 신호를 최적화함으로써 교통 체증을 줄이고, 응급 차량의 빠른 이동을 도우며, 내비게이션 앱은 AI를 통해 실시간 교통 정보를 분석하고 최적의 경로를 제시한다 (네이버 지도와 티맵).

소매 및 고객 서비스

아마존, 넷플릭스, 유튜브와 같은 플랫폼은 AI를 활용하여 사용자의 취향을 분석하고 맞춤형 제품이나 콘텐츠를 추천한다. AI 챗봇은 온라인 쇼핑몰에서 고객의 질문에 즉각적으로 답변하고, 필요한 제품을 찾는 데 도움을 준다. AI는 판매 데이터를 분석하여 미래의 수요를 예측하고, 재고를 효율적으로 관리하며, 물류 경로를 최적화하여 배송 시간을 단축하고 비용을 절감한다. AI 기술은 다양한 분야에서 우리의 일상을 더욱 편리하고 효율적으로 만들어 주고 있기 때문에 시니어들도 AI 기술들을 이해하고 활용함으로써 보다 나은 삶을 누릴 수 있다.

CHAPTER 02

AI 활용, 어렵지 않아요!

1 AI는 막상 써 보면 별로 쓸모없지 않나요?

여기 두 친구가 있다. 한 친구는 차가 있기에 여기저기 마음대로 편하게 돌아다니며 드라이브를 즐긴다. 다른 한 친구는 지하철이나 버스만 있어도 충분하다며 운전하지 않는 장롱면허 소지자이다. 이 친구는 드라이브를 즐기는 친구를 이해하지 못한다. 이는 AI 활용에 대한 우리의 태도와 유사할 수 있다. AI를 적극적으로 활용하는 사람과 그렇지 않은 사람 사이의 차이를 보여주는 예시라고 할 수 있다. 어느 날 드라이브를 즐기는 친구에게 물었다.

"운전을 꼭 해야 해? 면허증 필요 없지 않냐?"

자동차는 목적지로 가기 위해 사용되는 교통수단으로 내가 운전하는 법을 알아도 가고자 하는 목적지가 없다면, 자동차는 무의미한 도구이다. 도구를 무엇에, 왜, 어떻게 사용할지는 우리 스스로 알아내야 한다. AI는 단순히 기술이 아니라, 우리의 삶을 더 나은 방향으로 변화시키는 강력한 도구다. 우리는 이 도구로 내 삶, 배움, 업무를 어떻게 바꿀지를 고민해야 한다. 자신이 궁극적으로 하려는 것이 무엇인지를 찾아야 한다. 목표나 목적이 분명해야 한다.

2 전문 지식(컴퓨터, IT)이 없는데 AI를 사용할 수 있나요?

한 사람이 열심히 청소를 하고 있다. 다른 한 사람이 다가와 묻는다. "청소기 만드는 법을 알고 있나요?" 청소하던 사람이 대답한다. "아니요, 모르는데요." 그러자 질문한 사람이 놀란 표정으로 말한다. "청소기 만드는 법도 모르는데 어떻게 청소기 사용법을 알아요?"

우리는 청소기가 어떻게 만들어지는지 몰라도 청소기로 청소를 한다. 지금 많은 사람이 스마트폰을 사용하지만 대개는 스마트폰에서 작동하는 프로그램들이 어떻게 만들어지는지 모른다. 그래도 필요한 곳에서 필요한 만큼 잘 사용하고 있다. IT나 컴퓨터에 대한 전문 지식이 없어도 사용할 수 있다.

생성형 AI는 우리가 알고자 하는 것을 질문하거나 요구하면 AI가 스스로 답을 만들어 우리에게 알려 준다. 평범한 질문을 하면 평범한 대답을 하고 세련된 질문을 하면 세련된 답을 들을 수 있다. 질문만 잘하면 된다. 기술적 능력보다는 인문학적 능력이 더 유리하다.

처음에는 질문을 문자(Text)로만 했고 답도 문자로만 받을 수 있었다. 지금은 기술이 발달하여 문자로, 이미지로, 음성으로, 동영상으로 할 수 있다. 그리고 답을 문자로, 이미지로, 음성으로 또는 동영상으로든 자신이 원하는 대로 요구할 수 있다. 그래서 우리는 어떻게 질문하고, 어떤 방법으로 답을 받을 수 있는가에 대한 약간의 기능만 익히면 된다. AI 활용, 그렇게 어렵지 않다.

AI에 대한 오해 풀기

1 AI가 거짓말도 많이 한다는데 사실인가요?

AI에 대한 오해 중 하나는 "AI가 거짓말도 많이 한다."라는 것이다. 이 오해는 AI가 정보를 잘못 전달하거나 예상치 못한 결과를 내놓는 경우에 종종 발생한다. 그러나 AI가 왜 이러한 결과를 내놓는지 이해하면 이를 예방하고 더 효과적으로 AI를 사용할 수 있다.

AI의 작동 원리 이해하기

AI는 데이터를 기반으로 학습하고 작동한다. 즉, AI가 제공하는 정보는 AI가 학습한 데이터에 크게 의존한다. 만약 학습 데이터가 부정확하거나 편향되어 있다면, AI가 잘못된 정보를 제공할 가능성이 높다. 이는 AI가 "거짓말"을 하는 것이 아니라, 잘못된 데이터를 바탕으로 결과를 도출하기 때문이다. AI 알고리즘은 복잡한 문제를 해결할 수 있지만, 모든 상황에서 완벽하지 않다. 언어 모델은 문맥을 이해하는 데 제한이 있을 수 있고, 이미지 인식 AI는 특정 상황에서 오류를 범할 수 있다. 이러한 한계는 AI가 거짓 정보를 제공하는 것으로 보일 수 있다.

AI의 정보 출처와 신뢰성

AI가 사용하는 데이터 출처는 매우 중요하다. 신뢰할 수 있는 출처에서 데이터를 제공받는 AI는 더 정확하고 신뢰성 있는 정보를 제공할 가능성이 높다. 반대로, 신뢰할 수 없는 출처에서 데이터를 제공받는 AI는 부정확한 정보를 제공할 위험이 크다. AI가 제공하는 정보는 검증이 필요하다. AI는 다양한 출처에서 정보를 수집하고 분석하여 결과를 도출하지만, 사용자가 이를 검증하고 사실 여부를 확인하는 과정이 중요하다. 뉴스 기사를 추천하는 AI는 다양한 출처의 기사를 추천할 수 있지만, 사용자는 이를 읽고 신뢰성을 판단해야 한다.

AI의 의도와 사용

AI는 특정 목적을 위해 설계된 도구이다. AI 자체는 의도를 가지지 않으며, 인간처럼 거짓말을 할 수 있는 능력도 없다. AI의 결과는 프로그래밍된 알고리즘과 제공된 데이터에 따라 달라진다. 따라서 AI가 제공하는 정보를 맹목적으로 신뢰하기보다는, 이를 참고 자료로 사용하고 추가적인 검증이 필요하다. AI 시스템은 지속적인 개선이 필요하다. AI가 잘못된 정보를 제공하는 경우, 이는 시스템을 개선하고 더 나은 데이터를 제공함으로써 해결할 수 있다. AI 개발자들은 AI의 오류를 발견하고 수정하기 위해 지속적으로 노력하고 있다.

AI 사용 시 주의할 점

AI가 제공하는 정보를 비판적으로 분석하는 것이 중요하다. AI는 완벽하지 않으며, 제공된 정보가 항상 정확한 것은 아니다. 사용자들은 AI의 결과를 참고하고, 추가적인 정보를 통해 검증하는 습관을 가져야 한다. AI가 사용하는 정보의 출처를 확인하는 것이 중요하다. 신뢰할 수 있는 출처에서 제공된 데이터는 AI의 신뢰성을 높이는 데 도움이 된다. 의료 AI가 신뢰할 수 있는 의료 데이터베이스를 사용한다면, 그 결과는 더 신뢰할 수 있다.

AI가 '거짓말'을 한다는 오해는 AI의 작동 원리와 데이터의 중요성을 이해하지 못한 데서 비롯된 것이다. AI는 데이터를 기반으로 작동하며, 그 결과는 사용된 데이터의 품질과 알고리즘의 정확성에 크게 좌우된다. AI를 사용할 때는 항상 비판적 사고를 가지고, 제공된 정보를 검증하며 사용하는 것이 중요하다. AI는 도구일 뿐이며, 이를 올바르게 활용하는 것은 전적으로 사용자에게 달려 있다.

시니어들이 AI를 효과적으로 활용하기 위해서는 AI의 이러한 특성을 이해하고, 정보를 비판적으로 평가하는 능력을 기르는 것이 중요하다. 이를 통해 AI의 장점을 최대한 활용하면서도 잠재적인 오류나 한계를 인식할 수 있다. 예를 들어, AI가 제공한 건강 정보를 무조건 신뢰하기보다는 의사와 상담을 통해 확인하는 습관을 갖는 것이 좋다.

 ## AI를 사용하려면 돈이 많이 드나요?

많은 사람들이 AI를 사용하려면 많은 비용이 든다고 생각할 수 있지만 실제로는 다양한 무료 또는 저렴한 AI 도구와 서비스들이 많이 있다.

무료 AI 서비스

스마트폰 AI 어시스턴트로는 애플 Siri, 구글 어시스턴트, 아마존 Alexa가 있다. 대부분의 스마트폰에는 기본적으로 무료로 제공되는 AI 어시스턴트가 탑재되어 있다. 이러한 서비스들은 추가 비용 없이 일상적인 작업을 도와준다.

건강 관리 앱으로 구글 핏, 애플 건강 앱이 있다. 스마트폰과 웨어러블 기기를 통해 무료로 제공되는 건강 관리 앱은 심박수 모니터링, 걸음 수 추적, 운동 기록 등을 제공한다. 이러한 앱들은 기본적인 건강 데이터를 수집하고 분석하는 데 매우 유용하다. 소셜 미디어 AI 도구로는 페이스북, 인스타그램이 있다. 소셜 미디어 플랫폼들은 AI를 활용하여 사용자가 관심을 가질 만한 콘텐츠를 추천하고 사진을 자동으로 분류하는 등의 기능을 제공한다.

저렴한 AI 서비스

스트리밍 서비스로 넷플릭스, 스포티파이가 있다. 이러한 서비스들은 AI를 사용하여 사용자 취향에 맞는 콘텐츠를 추천한다. 기본 요금제는 저렴하며, 많은 사용자들이 부담 없이 이용할 수 있다. 넷플릭스는 월정액 요금제로 다양한 영화와 드라마를 제공하며, 스포티파이는 광고가 포함된 무료 요금제도 제공하고 있다. 스마트 홈 디바이스에는 스마트 스피커(예: 아마존 Echo, 구글 홈)가 있다. 이러한 디바이스들은 비교적 저렴한 가격으로 구입할 수 있으며, AI 기반 음성 제어 기능을 제공한다. 스마트 스피커를 사용하면 조명, 온도 조절, 음악 재생 등의 기능을 음성으로 제어할 수 있다.

AI 도구의 비용 절감 효과

무료 또는 저렴한 가격으로 제공되는 일정 관리 도구(예: 구글 캘린더, 마이크로 소프트 아웃룩)는 AI를 활용하여 사용자에게 중요한 일정과 할 일을 알림으로써 생산성을 높이고, 시간 관리와 업무 효율성을 향상시키는 데 큰 도움이 된다. 웨어러블 기기를 통해 건강 상태를 실시간으로 모니터링하면 조기에 건강 문제를 발견하고 예방할 수 있으며 병원 방문 횟수를 줄이고 의료비를 절감하는 데 기여할 수 있다. 예산 관리와 지출 추적을 도와주는 AI 기반 금융 앱(예: 민트, 유더닷컴)은 대부분 무료로 제공되며 사용자가 재정을 효율적으로 관리할 수 있도록 도와준다. 이는 불필요한 지출을 줄이고 저축을 늘리는 데 도움이 된다.

프리미엄 AI 서비스와 무료 대안

구글 클라우드 AI, 아마존 웹 서비스(AWS) AI 등의 프리미엄 AI 서비스는 기업이나 전문 사용자를 대상으로 하며 고도의 데이터 분석과 머신러닝 모델을 제공한다. 이러한 서비스는 대규모 데이터를 처리하고 복잡한 문제를 해결하는 데 유용하지만, 비용이 발생할 수 있다. 텐서플로우(TensorFlow), 파이토치(PyTorch)와 같은 오픈 소스 AI 도구는 무료로 제공되며, 개발자와 연구자들이 AI 모델을 개발하고 실험하는 데 사용할 수 있다. 이러한 도구들은 커뮤니티의 지원을 받으며 지속적으로 업데이트되고 있다.

AI를 사용하는 데 있어 반드시 많은 비용이 드는 것은 아니다. 많은 AI 서비스와 도구들이 무료 또는 저렴한 가격으로 제공되고 있으며 시니어들도 부담 없이 활용할 수 있다. AI는 우리의 일상을 편리하게 만들어주는 도구로, 비용 효율적으로 사용할 수 있는 다양한 방법이 있으므로 AI의 이점을 충분히 활용하여 더 나은 삶을 누릴 수 있는 것이다.

 ## AI를 계속 쓰면, 결국 AI에 휘둘리지 않을까요?

AI가 점점 더 많은 부분에서 우리의 일상에 통합되면서 AI가 우리를 조종하거나 통제할 것이라는 우려가 커지고 있다. 그러나 AI는 도구일 뿐이며 이를 어떻게 사용하는지에 따라 그 영향을 관리할 수 있다.

AI의 역할 이해하기

AI는 특정 작업을 자동화하고 효율성을 높이기 위해 설계된 도구이다. AI는 사용자가 설정한 기준과 데이터를 기반으로 작동한다는 것은 AI가 독자적인 의사결정을 내리거나 인간을 통제할 수 없음을 의미한다. AI는 인간의 결정을 돕고, 반복적이거나 복잡한 작업을 수행하여 인간이 더 중요한 작업에 집중할 수 있도록 지원한다. AI 기반 일정 관리 도구는 사용자가 효율적으로 시간을 관리하도록 도와준다.

사용자 제어와 AI의 투명성

많은 AI 도구는 사용자 설정을 통해 맞춤화할 수 있다. 이는 사용자가 원하는 방식으로 AI를 사용할 수 있도록 하며, 필요에 따라 AI의 기능을 제한할 수도 있다. 사용자는 AI 기능을 활성화하거나 비활성화할 수 있는 선택권을 가질 수 있으며, 위치 기반 서비스나 개인화된 광고는 사용자가 선택적으로 사용할 수 있다. AI 기술이 발전하면서 AI의 결정 과정을 설명할 수 있는 기술(설명 가능한 AI, Explainable AI)이 개발되고 있다. 이는 사용자가 AI의 작동 원리를 이해하고 그 결정이 어떻게 이루어졌는지를 알 수 있게 한다. AI가 수집하고 처리하는 데이터에 대한 투명성을 유지하고 개인 정보 보호를 강화하는 것이 중요하다. 사용자는 자신의 데이터가 어떻게 사용되는지를 알고, 필요시 이를 통제할 수 있어야 한다.

AI의 책임감 있는 사용

AI의 기본 개념과 작동 원리를 이해하는 것은 AI를 책임감 있게 사용하는 데 도움이 된다. 시니어들도 AI에 대한 교육을 통해 AI가 어떻게 작동하고 이를 어떻게 효과적으로 활용할 수 있는지를 배울 수 있다. AI가 제공하는 정보나 추천을 무조건적으로 수용하지 않고 비판적으로 분석하는 태도가 필요하다. 사용자가 AI의 영향을 잘 이해하고, 독립적으로 판단할 수 있도록 돕는다.

AI 개발자와 기업들은 윤리적이고 책임감 있게 AI를 개발하고 배포해야 하며, AI가 공정하고 투명하게 작동하도록 보장하고 사회적 영향을 최소화하는 데 기여해야 한다. AI 사용자 역시 AI를 올바르게 사용하는 책임이 있다. AI를 악용하지 않고 사회적 규범과 법규를 준수하며 사용해야 한다.

AI와 인간의 상호 보완적 관계

AI는 인간의 능력을 보완하는 역할을 한다. AI는 데이터 분석, 패턴 인식, 반복 작업 수행에서 뛰어난 능력을 발휘하지만 창의성, 감정, 윤리적 판단은 여전히 인간의 영역이다. AI와 인간이 협력하여 더 나은 결과를 도출할 수 있다. 의료 분야에서는 AI가 의료 이미지를 분석하여 의사의 진단을 돕고 금융 분야에서는 AI가 데이터 분석을 통해 투자 결정을 지원한다.

AI의 한계를 이해하는 것은 중요하다. AI는 완벽하지 않으며 데이터 품질, 알고리즘의 한계, 인간의 윤리적 판단 등 다양한 요소에 의해 영향을 받는다. 이는 AI가 모든 문제를 해결할 수 없음을 인정해야 한다.

AI가 우리 삶에 깊숙이 들어오면서 AI에 휘둘릴 것이라는 우려가 생길 수 있지만, AI는 도구일 뿐이며 이를 어떻게 사용하는지는 전적으로 사용자에게 달려 있다. 사용자 제어와 투명성을 강화하고 책임감 있는 사용과 개발을 통해 AI의 부정적인 영향을 최소화할 수 있다. AI와 인간의 상호 보완적 관계를 이해하고 AI의 한계를 인식함으로써 AI를 더 효과적으로 활용할 수 있다.

CHAPTER
04

AI와 인간, 공존의 길

① AI를 쓰면, 내 직업이 더 위협받지 않을까요?

AI가 빠르게 발전하고 확산되면서 많은 사람들이 AI가 자신의 직업을 위협할 것이라는 우려를 가지고 있다. 그러나 AI는 단순히 일자리를 대체하는 것이 아니라, 인간과 협력하여 더 나은 결과를 창출할 수 있는 도구로서 기능한다.

AI의 역할과 인간의 강점

AI는 반복적이고 단순한 작업을 자동화하는 데 뛰어난 능력을 발휘한다. 데이터 입력, 기본적인 분석 작업, 일정 관리 등의 업무를 AI가 수행할 수 있다. AI는 방대한 양의 데이터를 빠르고 정확하게 처리할 수 있다. 데이터 분석, 패턴 인식, 예측 모델링 등의 작업에 유용하다. 인간은 창의적 사고와 혁신적인 문제 해결 능력을 가지고 있다. AI는 아직 인간의 창의성을 대체할 수 없다. 인간은 감정을 이해하고 공감하며 복잡한 사회적 상호작용을 처리하는 능력이 뛰어나다. 이러한 능력은 AI가 따라올 수 없는 중요한 인간의 특성이다. 인간은 윤리적 판단과 도덕적 결정을 내릴 수 있는 능력을 가지고 있기에, AI의 결정이 미칠 수 있는 사회적 영향을 고려할 수 있다.

AI와 협력하여 새로운 기회 창출하기

AI의 도입은 새로운 직무와 산업을 창출할 수 있다. AI 시스템을 개발하고 유지하는 데 필요한 엔지니어, 데이터 과학자, AI 윤리 전문가 등이 필요하다. 기존의 직무는 AI와의 협력을 통해 더 높은 부가가치를 창출하는 방향으로 진화할 수 있다. 의료 분야에서 AI는 의사의 진단을 보조하여 더 정확하고 신속한 진단이 가능하다. AI와 함께 일하기 위해서는 새로운 기술과 지식을 지속적으로 학습하는 것이 중요하다. 직업의 안정성을 높이고 새로운 기회에 대비하는 데 도움이 된다. 많은 기업과 교육 기관들이 AI와 관련된 재교육 프로그램을 제공하여 기존 인력이 AI 기술을 습득하고 활용할 수 있도록 지원하고 있다.

AI의 긍정적 영향과 사회적 준비

AI는 생산성을 높이고 효율성을 증대시킬 수 있다. 더 적은 자원으로 더 많은 가치를 창출한다. AI는 반복적이고 시간이 많이 소요되는 작업을 자동화하여, 인간이 더 창의적이고 복잡한 작업에 집중할 수 있게 한다. 정부와 기업은 AI의 도입에 따른 사회적 영향을 최소화하기 위해 정책적 지원을 제공해야 한다. 노동 시장의 변화에 대응하고 직업 재교육을 지원하는 데 중요한 역할을 한다. AI 기술의 개발과 사용은 윤리적 고려를 기반으로 이루어져야 한다. 이는 AI가 사회에 미치는 부정적 영향을 줄이고 공정하고 투명한 AI 사용을 보장하는 데 필요하다.

직업 안전성 유지와 AI의 활용

AI를 업무 보조 도구로 활용하여 효율성과 정확성을 높일 수 있다. 법률 전문가들은 AI를 통해 대량의 법률 문서를 신속하게 분석하고, 중요한 정보를 추출할 수 있다. AI는 복잡한 데이터 분석을 통해 의사결정을 지원하며, 이는 경영진이나 전문가들이 더 나은 결정을 내리는 데 도움이 된다. 개인의 역량을 강화하고 AI 기술을 습득하여 AI와 협력할 수 있는 능력을 키우는 것이 중요하다. 이는 직업 안정성과 경쟁력을 높이는 데 도움이 된다. 빠르게 변화하는 기술 환경에 적응하고 유연하게 대응할 수 있는 능력이 필요하다. 이는 새로운 기술과 도구를 수용하고 지속적으로 발전할 수 있는 기반이 된다.

AI는 단순히 일자리를 위협하는 존재가 아니라 인간의 작업을 보조하고 새로운 기회와 효율성을 창출할 수 있는 도구이다. AI와 인간의 공존을 위해서는 AI의 역할과 인간의 강점을 잘 이해하고 이를 바탕으로 협력하는 것이 중요하다. 교육과 재교육을 통해 새로운 기술을 습득하고, AI를 효과적으로 활용함으로써 직업의 안정성을 유지하고 더 나은 결과를 도출할 수 있다. AI와 함께하는 미래는 도전과 기회를 동시에 제공하며 이를 잘 준비하고 활용하는 것이 우리의 과제이다.

 ## 인간과 AI 누가 더 똑똑할까요?

"인간과 AI 중 누가 더 똑똑할까요?"라는 질문은 매우 흥미로운 주제이다. AI와 인간의 '지능'은 서로 다른 방식으로 발현되며 이를 직접적으로 비교하기는 어렵다. 그러나 각자의 강점과 약점을 이해하는 것은 인간과 AI가 어떻게 공존하고 협력할 수 있는지를 파악하는 데 도움이 된다.

AI의 강점

AI는 대량의 데이터를 빠르고 정확하게 처리할 수 있다. 검색 엔진은 수많은 웹 페이지를 분석하여 사용자가 원하는 정보를 신속하게 제공한다. AI는 데이터에서 패턴을 인식하고 예측하는 데 뛰어나다. 의료 분야에서의 AI는 의료 이미지를 분석하여 질병을 조기에 발견할 수 있다. AI는 반복적이고 단순한 작업을 매우 빠르고 정확하게 수행한다. 이는 생산성과 효율성을 크게 향상시킨다. AI는 쉬지 않고 작동할 수 있어 인간이 수행할 수 없는 대규모 작업을 처리하는 데 적합하다. AI는 기계 학습 알고리즘을 통해 경험을 바탕으로 성능을 향상시킨다. AI는 시간이 지남에 따라 더욱 정확하고 효율적으로 문제를 해결할 수 있게 된다. AI 알고리즘은 새로운 데이터와 환경에 빠르게 적응할 수 있어 다양한 문제를 해결하는 데 유연하게 대응할 수 있다.

인간의 강점

인간은 새로운 아이디어를 창출하고 문제를 창의적으로 해결하는 능력을 가지고 있다. 이는 예술, 과학, 기술 혁신 등 다양한 분야에서 두드러진다. 인간은 상상력을 통해 새로운 가능성을 탐구하고 기존의 한계를 넘어서는 방법을 모색한다. 인간은 다른 사람의 감정을 이해하고 공감하는 능력이 뛰어나다. 이는 복잡한 사회적 상호작용과 협력을 가능하게 한다. 인간은 도덕적이고 윤리적인 결정을 내릴 수 있으며 이는 사회적 규범과 법률을 준수하는 데 중요하다. 인간은 복잡한 상황에서 맥락을 이해하고 다각적인 관점에서 문제를 분석할 수 있다. 이는 종종 비정형적이고 예측 불가능한 문제를 해결하는 데 유리하다. 인간은 경험을 통해 지식을 축적하고 이를 바탕으로 문제를 해결한다. 이는 직관적이고 종합적인 판단을 가능하게 한다.

AI와 인간의 협력

AI는 인간의 작업을 보조하고, 반복적이고 시간이 많이 소요되는 작업을 자동화함으로써 인간이 더 창의적이고 중요한 작업에 집중할 수 있도록 도와준다. 인간과 AI가 협력하면 각자의 강점을 결합하여 더 나은 결과를 도출할 수 있다. 의사는 AI를 활용하여 더 정확한 진단을 내리고 환자와의 소통과 치료 계획 수립에 집중할 수 있다. AI의 결정과 행동에 대한 책임은 여전히 인간에게 있다. 이는 AI를 윤리적으로 사용하고 사회적 영향을 고려하는 데 중요하다. AI 시스템의 작동과 결과를 지속적으로 모니터링하고 검토하는 것이 필요하며 AI가 예상치 못한 결과를 초래하지 않도록 하는 게 중요하다.

인간과 AI 중 누가 더 똑똑한지는 비교하기 어려운 질문이다. AI는 대규모 데이터 처리, 패턴 인식, 반복 작업 자동화 등에서 뛰어난 능력을 발휘하지만, 창의성, 감정적 지능, 윤리적 판단 등 인간의 고유한 능력을 대체할 수는 없다. AI와 인간은 각자의 강점을 살려 협력함으로써 더 나은 결과를 창출할 수 있다. AI는 도구로서 인간의 능력을 보완하고 향상시키며 인간은 AI의 윤리적이고 책임 있는 사용을 통해 AI의 긍정적인 영향을 극대화할 수 있다.

AI가 인간의 감정을 이해할 수 있나요?

AI가 인간의 감정을 이해할 수 있는지에 대한 질문은 매우 복잡하며 감정 이해의 범위와 깊이에 따라 그 답이 달라질 수 있다. AI가 인간의 감정을 인식하고 반응할 수는 있지만 실제로 인간의 감정을 '이해'한다고 하기에는 한계가 있다.

AI의 감정 인식 능력

AI는 텍스트에서 감정적인 단서를 인식할 수 있다. 고객 리뷰나 소셜 미디어 게시물에서 긍정적, 부정적, 중립적인 감정을 분석할 수 있다. 이는 고객 만족도를 평가하거나, 감정 상태에 따라 맞춤형 서비스를 제공하는 데 유용하다. AI는 음성 톤, 속도, 억양 등을 분석하여 화자의 감정 상태를 파악할 수 있다. 콜센터의 AI는 고객의 음성을 분석하여 감정적으로 어려운 상황을 인식하고, 이를 상담사에게 경고할 수 있다. AI는 얼굴 표정을 분석하여 감정을 인식할 수 있다. 웃음, 화남, 슬픔 등 다양한 감정을 인식하여 상황에 맞는 반응을 제공할 수 있다. AI 챗봇은 고객의 텍스트 입력을 분석하여 감정을 파악하고, 그에 맞는 반응을 제공한다. 불만을 표시하는 고객에게는 더 신속하고 적절한 지원을 제공할 수 있다. AI는 환자의 얼굴 표정이나 음성을 분석하여 우울증, 스트레스 등의 정신 건강 상태를 평가하는 데 도움을 줄 수 있다.

AI의 감정 이해 한계

AI는 감정을 인식하고 그에 맞는 반응을 제공할 수 있지만 이는 표면적인 이해에 불과하다. AI는 감정의 맥락이나 복잡한 심리적 요인을 완전히 이해할 수 없다. AI의 감정 인식 능력은 학습된 데이터에 크게 의존하기 때문에 데이터가 부족하거나 편향된 경우, 감정 인식의 정확도가 떨어질 수 있다.

인간의 감정 이해는 공감 능력에 기반한다. AI는 감정을 분석하고 반응할 수 있지만 진정한 의미의 공감은 아니다. AI는 인간의 감정을 진정으로 느끼거나 경험할 수 없다. 감정 표현은 문화적, 개인적 차이에 따라 다를 수 있기 때문에, AI가 이러한 차이를 완전히 이해하고 적절히 대응하기는 어렵다.

AI와 인간의 감정 협력

AI는 감정 인식을 통해 인간의 의사결정을 보조하는 도구로 활용될 수 있다. 상담사가 AI를 활용하여 내담자의 감정 상태를 더 잘 이해하고 적절한 상담 방법을 선택할 수 있다. AI는 감정 인식을 통해 사용자에게 피드백을 제공하여, 감정 관리와 자기 이해를 돕는 역할을 할 수 있다. 감정 인식 기술을 사용할 때는 개인정보와 감정 데이터를 보호하는 것이 중요하다. 사용자는 자신의 감정 데이터가 어떻게 사용되는지에 대해 명확히 알고 있어야 한다. AI 시스템이 감정 인식을 수행할 때, 그 과정과 목적에 대한 투명성을 유지해야 한다. 이는 사용자 신뢰를 높이는 데 중요하다.

미래 전망

AI의 감정 인식 기술은 지속적으로 발전하고 있으며 더 정확하고 정교한 감정 분석이 가능해질 것이다. 이는 다양한 분야에서 더 나은 사용자 경험을 제공하는 데 기여할 것이다. 연구자들은 AI가 인간의 감정을 더 깊이 이해할 수 있도록 감정 모델링 기법을 개발하고 있다. AI가 더 자연스럽고 인간적인 상호작용을 제공하는 데 도움이 될 것이다. AI는 인간의 감정 이해를 보완하는 도구로서 인간과 AI가 협력하여 더 나은 결과를 창출할 수 있다. 이는 의료, 교육, 서비스 등 다양한 분야에서 긍정적인 변화를 가져올 것이다. AI는 인간의 감정을 인식하고 분석하는 데 뛰어난 능력을 가지고 있지만 진정한 의미에서 감정을 이해하거나 공감할 수는 없다. AI는 인간의 감정 이해를 보조하는 도구로서, 다양한 분야에서 유용하게 활용될 수 있다. 그러나 AI의 한계를 인식하고, 윤리적 고려와 프라이버시 보호를 중요시하면서 AI와 인간이 협력하여 더 나은 미래를 만들어가는 것이 중요하다. AI와 인간은 서로의 강점을 보완하며 공존할 수 있다.

CHAPTER

05

미래를 준비하는 시니어들

현대 사회는 급속도로 변화하고 있으며 그 중심에는 인공지능(AI) 기술이 자리 잡고 있다. 특히 시니어 세대에게 AI는 단순한 기술 혁신을 넘어 삶의 질을 획기적으로 향상시킬 수 있는 도구로 주목받고 있다. 본 장에서는 AI가 시니어들의 일상생활을 어떻게 변화시키고 있는지 그리고 이러한 변화에 어떻게 대비할 수 있는지 상세히 살펴보고자 한다.

 AI 기반 건강 관리: 개인화된 의료 서비스의 시대

AI 기술의 발전은 의료 분야에 혁명적인 변화를 가져오고 있다. 특히 시니어들의 건강 관리에 있어 AI의 역할은 날로 커지고 있다.

1 원격 진료 시스템의 진화

원격 진료는 더 이상 미래의 이야기가 아니다. 2020년 코로나19 팬데믹 이후 원격 진료 이용률은 폭발적으로 증가했다. 미국의 경우, 2019년 11%에 불과하던 원격 진료 이용률이 2020년에는 46%로 급증했다(McKinsey, 2021). 이러한 추세는 팬데믹 이후에도 지속될 전망이다.

AI 기반 원격 진료 시스템은 단순히 의사와 환자를 연결해주는 것을 넘어 진단의 정확도를 높이고 의료 서비스의 질을 향상시키는 데 기여하고 있다. 예를 들어, AI 챗봇은 환자의 초기 증상을 평가하고 필요한 경우 전문의와의 상담을 주선한다. 이는 불필요한 병원 방문을 줄이고 의료 자원을 효율적으로 분배하는 데 도움을 준다.

실제 사례를 살펴보자. 75세의 김 할머니는 최근 AI 챗봇을 통해 초기 증상 평가를 받았다. 챗봇은 김 할머니의 증상이 심각할 수 있다고 판단하고 즉시 전문의와의 원격 진료를 주선했다. 이를 통해 김 할머니는 조기에 심장 질환을 발견하고 적절한 치료를 받을 수 있었다.

2 웨어러블 디바이스와 AI의 결합

웨어러블 디바이스와 AI의 결합은 시니어들의 건강 관리에 새로운 지평을 열고 있다. 스마트워치나 피트니스 트래커와 같은 웨어러블 기기는 사용자의 심박수, 혈압, 혈당 수치 등을 실시간으로 모니터링한다. 여기에 AI 기술이 더해져, 수집된 데이터를 분석하고 이상 징후를 감지하면 즉시 의료진에게 알림을 보낸다.

예를 들어, 애플 워치의 심전도(ECG) 기능은 AI 알고리즘을 사용하여 심방세동을 감지한다. 2019년 한 연구에 따르면, 이 기능의 정확도는 97%에 달한다 (New England Journal of Medicine, 2019). 이는 많은 시니어들에게 조기 진단의 기회를 제공하고 있다.

68세의 박 할아버지의 경우, 평소 착용하던 스마트워치가 불규칙한 심장 박동을 감지하고 의료진에게 알림을 보냈다. 이를 통해 박 할아버지는 심각한 부정맥을 조기에 발견하고 치료받을 수 있었다.

3 맞춤형 운동 및 영양 관리

AI는 개인의 건강 데이터를 바탕으로 맞춤형 운동 계획과 영양 관리 프로그램을 제공한다. 이는 시니어들이 안전하고 효과적으로 건강을 유지할 수 있도록 돕는다.

예를 들어, 'Noom'이라는 AI 기반 건강 관리 앱은 사용자의 식습관, 운동 패턴, 건강 상태 등을 분석하여 개인화된 식단과 운동 계획을 제공한다. 2016년부터 2018년까지 진행된 한 연구에 따르면, Noom을 사용한 시니어들의 78%가 체중 감량에 성공했으며 이 중 23%는 장기적으로 체중을 유지했다(Scientific Reports, 2019).

72세의 이 할머니는 AI 건강 관리 앱을 통해 자신의 관절염 상태에 맞는 저강도 운동 프로그램을 추천받았다. 6개월간 이 프로그램을 따른 결과, 이 할머니의 관절 통증은 크게 감소했고 전반적인 체력도 향상되었다.

4 약물 관리 시스템

복잡한 약물 복용 일정은 많은 시니어들에게 어려움을 주는 문제이다. AI 기반 약물 관리 시스템은 이러한 문제를 해결하는 데 큰 도움을 준다. 이 시스템은 복용 중인 약물 간의 상호작용을 분석하여 잠재적인 부작용을 예방하고, 정확한 복용 시간을 알려준다.

'PillPack'이라는 서비스는 AI를 활용하여 개인의 약물 복용 일정을 최적화하고 필요한 약을 정확한 용량으로 포장하여 배송한다. 이를 통해 복잡한 약물 복용 일정을 간소화하고 오복용을 방지할 수 있다.

78세의 최 할아버지는 고혈압, 당뇨, 관절염 등으로 여러 가지 약을 복용 중이었다. AI 약물 관리 시스템을 도입한 후, 최 할아버지는 복잡한 약물 복용 일정을 쉽게 관리할 수 있게 되었고 약물 간 상호작용으로 인한 부작용도 예방할 수 있었다.

이러한 AI 기반 건강 관리 시스템은 시니어들의 독립적인 생활을 지원하고 삶의 질을 크게 향상시키는 데 기여하고 있다. 그러나 이러한 기술의 도입에는 개인정보 보호, 데이터 보안 등의 문제도 고려해야 한다. 따라서 안전하고 효과적인 AI 건강 관리 시스템의 구축을 위해서는 기술적 발전과 함께 적절한 규제와 윤리 지침의 마련도 필요하다.

❷ 스마트 홈과 생활 편의성: AI가 만드는 편안한 주거 환경

AI 기술의 발전은 주거 환경을 혁신적으로 변화시키고 있다. 특히 시니어들에게 스마트 홈 기술은 일상생활의 편의성을 크게 향상시키고, 독립적인 생활을 가능하게 하는 중요한 도구가 되고 있다.

1 음성 인식 기술을 통한 가전제품 제어

음성 인식 기술의 발전으로 시니어들은 복잡한 조작 없이도 간단한 음성 명령으로 집안의 다양한 기기를 제어할 수 있게 되었다. 예를 들어, "알렉사, TV 켜줘." 또는 "헤이 구글, 거실 조명 켜줘."와 같은 간단한 명령으로 가전제품을 작동시킬 수 있다.

2020년 NPR과 에디슨 리서치의 조사에 따르면, 60세 이상 미국인의 33%가 스마트 스피커를 사용하고 있으며 이 중 55%가 일상적으로 음성 명령을 사용한다고 응답했다. 이는 2018년 조사 결과에 비해 두 배 이상 증가한 수치이다.

70세의 장 할머니는 최근 스마트 홈 시스템을 도입했다. 관절염으로 인해 손동작이 불편했던 장 할머니는 이제 음성 명령으로 조명을 조절하고 TV를 켜고 끄며, 실내 온도를 조절할 수 있게 되었다. 이를 통해 장 할머니의 일상생활 독립성이 크게 향상되었다.

2 스마트 온도 조절 시스템

AI 기반 스마트 온도 조절 시스템은 거주자의 생활 패턴을 학습하여 최적의 실내 온도를 유지한다. 이는 시니어들의 건강과 편안함을 지키는 동시에 에너지 효율성도 높인다.

예를 들어, Nest Learning Thermostat은 사용자의 선호도와 생활 패턴을 학습하여 자동으로 온도를 조절한다. 에너지 정보청(EIA)의 보고에 따르면, 이러한 스마트 온도 조절 시스템은 평균 10~12%의 난방비용과 15%의 냉방비용을 절감할 수 있다.

76세의 김 할아버지 부부는 스마트 온도 조절 시스템을 설치한 후, 항상 적정 온도가 유지되는 편안한 실내 환경에서 생활하게 되었다. 특히 한여름과 한겨울에 체감하는 온도 변화에 더 민감해진 시니어들에게 이러한 시스템은 큰 도움이 된다.

3 스마트 조명 시스템

AI 기반 스마트 조명 시스템은 시간대별로 적절한 조도와 색온도를 유지하여 시니어들의 시력 보호와 생체 리듬 유지에 도움을 준다. 또한, 움직임 감지 센서와 연동하여 낙상 사고 예방에도 기여한다.

한 연구에 따르면, 적절한 조명 환경은 시니어들의 낙상 위험을 20% 이상 감소시킬 수 있다(Journal of the American Geriatrics Society, 2018). 스마트 조명 시스템은 이러한 적절한 조명 환경을 자동으로 유지해준다.

68세의 박 할머니는 야간에 화장실을 가다 넘어지는 사고를 자주 겪었다. 스마트 조명 시스템 설치 후, 박 할머니가 밤에 일어나면 자동으로 은은한 조명이 켜져 안전하게 이동할 수 있게 되었다.

4 스마트 보안 시스템

AI 기반 스마트 보안 시스템은 시니어들에게 안전한 주거 환경을 제공한다. 이 시스템은 얼굴 인식, 동작 감지 등의 기술을 활용하여 집안의 안전을 모니터링하고, 이상 징후 발생 시 즉시 알림을 보낸다.

글로벌 시장조사 기관 MarketsandMarkets의 보고서에 따르면, 스마트 홈 보안 시장은 2020년 214억 달러에서 2025년 443억 달러로 성장할 것으로 예상된다. 이는 연평균 15.6%의 높은 성장률이다.

72세의 이 할아버지는 최근 스마트 보안 시스템을 설치했다. 이 시스템은 이상한 움직임이 감지되면 즉시 이 할아버지의 스마트폰으로 알림을 보내고 필요한 경우 자동으로 경찰에 신고한다. 이를 통해 이 할아버지는 더욱 안전한 환경에서 생활할 수 있게 되었다.

이러한 AI 기반 스마트 홈 기술은 시니어들의 일상생활을 더욱 편리하고 안전하게 만들어주고 있다. 그러나 이러한 기술을 효과적으로 활용하기 위해서는 시니어들의 디지털 리터러시 향상이 필요하다. 따라서 시니어를 위한 스마트 홈 기술 교육 프로그램의 개발과 보급이 함께 이루어져야 할 것이다.

 안전과 보안: AI가 지키는 시니어의 일상

AI 기술은 시니어들의 안전과 보안을 지키는 데 큰 역할을 하고 있다. 특히 응급 상황 감지와 대응, 일상 생활 모니터링 등의 영역에서 AI의 활용이 두드러지고 있다.

1 AI 기반 응급 상황 감지 시스템

AI는 시니어의 일상적인 행동 패턴을 학습하고, 이상 징후를 감지하여 응급 상황에 신속히 대응할 수 있다. 예를 들어, 갑작스러운 낙상이나 장시간의 움직임 부재 등을 감지하면 자동으로 응급 서비스에 연락을 취한다.

미국의 의료 기술 기업인 Vayyar가 개발한 'Walabot HOME'은 벽에 설치하는 센서를 통해 낙상을 감지하고 응급 상황 시 자동으로 지정된 연락처에 알림을 보낸다. 이 제품은 2019년 출시 이후 많은 시니어 가정에서 활용되고 있으며, 낙상으로 인한 심각한 부상을 예방하는 데 큰 역할을 하고 있다.

78세의 최 할머니는 최근 이러한 AI 기반 응급 상황 감지 시스템을 설치했다. 얼마 전 화장실에서 미끄러져 넘어진 최 할머니는 시스템이 자동으로 감지하여 신속하게 도움을 받을 수 있었다. 이를 통해 큰 부상을 피할 수 있었고, 최 할머니와 가족들은 더욱 안심하고 생활할 수 있게 되었다.

2 AI 기반 행동 패턴 분석

AI는 시니어의 일상적인 행동 패턴을 학습하고 분석하여 건강 상태의 변화나 잠재적인 위험을 조기에 감지할 수 있다. 예를 들어, 평소와 다른 수면 패턴, 식사 습관의 변화, 활동량의 감소 등을 감지하여 건강 이상을 조기에 발견할 수 있다.

IBM의 연구팀이 개발한 'AI Eldercare' 시스템은 센서와 AI 기술을 활용하여 시니어의 일상생활을 모니터링하고, 이상 징후를 감지한다. 이 시스템은 시니어의 프라이버시를 침해하지 않으면서도 효과적으로 건강 상태를 관리할 수 있다는 점에서 주목받고 있다.

82세의 박 할아버지는 최근 이러한 AI 행동 패턴 분석 시스템을 도입했다. 시스템은 박 할아버지의 활동량이 평소보다 크게 감소했음을 감지하고 가족들에게 알렸다. 이를 통해 박 할아버지의 초기 우울증 증상을 조기에 발견하고 적절한 치료를 받을 수 있었다.

3 AI 기반 약물 복용 관리

많은 시니어들이 여러 가지 약물을 복용하고 있어 정확한 복용 관리가 중요하다. AI 기술은 이러한 약물 복용을 효과적으로 관리하는 데 도움을 준다.

예를 들어, 'Hero'라는 스마트 약물 디스펜서는 AI 기술을 활용하여 정확한 시간에 정확한 용량의 약을 제공한다. 또한 약물 복용 여부를 모니터링하고, 미복용 시 알림을 보내는 기능도 갖추고 있다. 2020년 한 연구에 따르면, 이러한 스마트 약물 관리 시스템을 사용한 시니어들의 약물 복용 순응도가 22% 향상되었다 (Journal of Medical Internet Research, 2020).

75세의 김 할머니는 고혈압, 당뇨 등으로 여러 가지 약을 복용 중이었다. AI 기반 약물 복용 관리 시스템을 도입한 후, 김 할머니는 복잡한 약물 복용 스케줄을 쉽게 관리할 수 있게 되었고 약물 복용 순응도도 크게 향상되었다.

이러한 AI 기반 안전 및 보안 시스템은 시니어들의 독립적인 생활을 지원하면서도 안전을 보장하는 데 큰 역할을 하고 있다. 그러나 이러한 기술의 도입에는 개인정보 보호와 윤리적 고려사항도 함께 검토되어야 한다. 예를 들어, 지나친 모니터링으로 인한 프라이버시 침해 문제나 AI의 오판으로 인한 불필요한 응급 상황 발생 등의 문제를 예방하기 위한 제도적, 기술적 장치가 필요하다.

 ## 사회적 연결과 여가 활동: AI가 확장하는 시니어의 세상

AI 기술은 시니어들의 사회적 연결을 강화하고 다양한 여가 활동을 지원함으로써 삶의 질을 향상시키는 데 큰 역할을 하고 있다. 특히 신체적 제약으로 인해 외출이 어려운 시니어들에게 AI는 새로운 세상을 열어주고 있다.

1 AI 기반 소셜 네트워킹 플랫폼

AI는 시니어들의 관심사와 생활 패턴을 분석하여 맞춤형 소셜 네트워킹 기회를 제공한다. 예를 들어, 비슷한 취미를 가진 시니어들을 연결해주거나 지역 사회의 다양한 활동을 추천해준다.

'Stitch'라는 플랫폼은 50세 이상의 성인을 위한 소셜 네트워킹 서비스로, AI를 활용하여 사용자들의 관심사와 생활 패턴을 분석하고 적합한 친구나 활동을 추천한다. 2021년 기준으로 전 세계 25만 명 이상의 시니어가 이 플랫폼을 통해 새로운 인연을 만들고 있다.

68세의 이 할머니는 Stitch를 통해 같은 동네에 사는 원예 동호회 회원들을 만나게 되었다. 이를 통해 이 할머니는 새로운 친구들을 사귀고 활발한 사회 활동을 이어갈 수 있게 되었다. AI의 추천 덕분에 이 할머니는 자신의 관심사에 맞는 활동과 사람들을 쉽게 찾을 수 있었고, 이는 그녀의 삶의 만족도를 크게 향상시켰다.

2 AI 기반 가상 여행 및 문화 체험

AI와 가상현실(VR) 기술의 결합은 시니어들에게 새로운 여행과 문화 체험의 기회를 제공한다. 물리적으로 이동이 어려운 시니어들도 세계 각지의 명소를 가상으로 방문하고 다양한 문화를 체험할 수 있다.

구글의 'Arts & Culture' 프로젝트는 AI와 VR 기술을 활용하여 전 세계의 박물관과 미술관을 가상으로 탐방할 수 있게 해준다. 2020년 코로나19 팬데믹 이후 이 서비스의 이용률은 500% 이상 증가했으며 특히 시니어 사용자의 비율이 크게 늘었다.

76세의 박 할아버지는 최근 AI 기반 VR 여행 프로그램을 통해 평생 가보고 싶었던 이집트 피라미드를 '방문'했다. AI 가이드의 상세한 설명과 실감나는 VR 영상을 통해 박 할아버지는 마치 실제로 이집트에 간 것 같은 경험을 할 수 있었다. 이러한 경험은 박 할아버지에게 새로운 지적 자극과 즐거움을 제공했다.

3 AI 기반 디지털 추억 관리

AI는 시니어들의 사진, 비디오 등 디지털 자료를 효과적으로 관리하고 공유하는 데 도움을 준다. 얼굴 인식 기술을 활용해 사진 속 인물을 자동으로 태그하고, 특정 이벤트나 시기별로 사진을 정리해준다.

구글 포토스의 AI 기능은 사용자의 사진을 자동으로 분류하고 앨범을 만들어준다. 또한 과거의 추억을 되살려주는 '이날의 추억' 기능은 많은 시니어 사용자들에게 호평을 받고 있다. 2020년 기준으로 구글 포토스의 월간 활성 사용자 수는 10억 명을 넘어섰으며 50대 이상 사용자의 비율도 꾸준히 증가하고 있다.

72세의 김 할머니는 구글 포토스를 통해 수십 년간 모은 가족 사진들을 효과적으로 관리하고 있다. AI가 자동으로 사진 속 인물을 인식하고 시기별로 정리해주어, 김 할머니는 손쉽게 원하는 사진을 찾아볼 수 있게 되었다. 또한 '이날의 추억' 기능을 통해 과거의 소중한 순간들을 다시 떠올리며 가족들과 추억을 나눌 수 있게 되었다.

4 AI 기반 지능형 게임 및 두뇌 훈련

AI는 시니어들의 인지 기능 유지와 향상을 위한 지능형 게임과 두뇌 훈련 프로그램을 제공한다. 이러한 프로그램은 사용자의 수준과 진행 상황에 따라 난이도를 조절하여 최적의 훈련 효과를 제공한다.

'Lumosity'는 AI를 활용한 대표적인 두뇌 훈련 앱으로 사용자의 인지 능력을 평가하고 맞춤형 훈련 프로그램을 제공한다. 2021년 한 연구에 따르면, Lumosity를 정기적으로 사용한 60세 이상의 시니어들은 기억력, 주의력, 문제 해결 능력 등이 평균 15% 향상되었다(Frontiers in Aging Neuroscience, 2021).

70세의 최 할아버지는 매일 30분씩 Lumosity를 통해 두뇌 훈련을 하고 있다. AI가 최 할아버지의 성과를 분석하고 적절한 난이도의 게임을 제공하여 최 할아버지는 지속적으로 흥미를 가지고 훈련을 이어갈 수 있었다. 6개월간의 훈련 결과, 최 할아버지는 일상생활에서 기억력과 집중력이 향상되었음을 체감할 수 있었다.

이러한 AI 기반의 사회적 연결과 여가 활동 지원은 시니어들의 삶의 질을 크게 향상시키고 있다. 특히 신체적 제약이나 사회적 고립 등으로 어려움을 겪던 시니어들에게 새로운 기회를 제공하고 있다. 그러나 이러한 기술의 혜택을 모든 시니어들이 누릴 수 있도록 하기 위해서는 디지털 격차 해소를 위한 노력이 병행되어야 한다. 시니어를 위한 디지털 리터러시 교육, 사용자 친화적인 인터페이스 개발, 경제적 지원 등 다각도의 접근이 필요할 것이다.

5 재정 관리와 금융 서비스: AI가 지원하는 안정적인 노후

AI 기술은 시니어들의 재정 관리와 금융 서비스 이용에도 큰 변화를 가져오고 있다. 개인화된 재정 조언, 자동화된 자산 관리, 금융 사기 예방 등 다양한 영역에서 AI가 활용되고 있다.

1 AI 기반 개인 재무 관리

AI는 시니어들의 수입, 지출 패턴, 자산 상황 등을 분석하여 개인화된 재무 관리 조언을 제공한다. 이를 통해 시니어들은 더 효율적으로 자산을 관리하고 안정적인 노후 생활을 준비할 수 있다.

'Personal Capital'은 AI를 활용한 재무 관리 플랫폼으로 사용자의 모든 금융 계좌를 연동하여 종합적인 자산 관리를 지원한다. AI가 사용자의 재무 상황을 분석하고 은퇴 계획, 투자 전략 등에 대한 맞춤형 조언을 제공한다. 2021년 기준으로 Personal Capital의 관리 자산 규모는 220억 달러를 넘어섰으며 사용자의 30% 이상이 55세 이상의 시니어다.

68세의 이 할아버지는 Personal Capital을 통해 자신의 재무 상황을 종합적으로 관리하고 있다. AI의 분석 결과, 이 할아버지의 현재 지출 패턴으로는 은퇴 자금이 부족할 수 있다는 예측이 나왔다. 이를 바탕으로 이 할아버지는 지출을 조정하고 투자 전략을 수정하여 더 안정적인 노후를 준비할 수 있게 되었다.

2 AI 기반 로보어드바이저

로보어드바이저는 AI 알고리즘을 활용하여 자동화된 자산 관리 서비스를 제공한다. 시니어들의 리스크 성향, 투자 목표, 재무 상황 등을 고려하여 최적화된 포트폴리오를 구성하고 관리한다.

'Betterment'는 대표적인 로보어드바이저 서비스로 AI를 활용하여 사용자의 투자 성향에 맞는 포트폴리오를 구성하고 자동으로 리밸런싱한다. 2021년 기준으로 Betterment의 관리 자산 규모는 290억 달러를 넘어섰으며 50세 이상 사용자의 비중이 꾸준히 증가하고 있다.

72세의 김 할머니는 Betterment를 통해 은퇴 자금을 관리하고 있다. 김 할머니의 보수적인 투자 성향과 단기간 내 자금 인출 계획 등을 고려하여 AI가 안정적인 포트폴리오를 구성했다. 그 결과 김 할머니는 큰 위험 없이 안정적인 수익을 얻을 수 있었고 복잡한 투자 결정에 대한 부담도 덜 수 있었다.

③ AI 기반 금융 사기 예방

AI는 금융 거래 데이터를 실시간으로 분석하여 사기 거래를 감지하고 예방한다. 이는 금융 사기에 취약할 수 있는 시니어들을 보호하는 데 큰 도움이 된다.

FICO의 Falcon Fraud Manager는 AI와 머신러닝을 활용하여 실시간으로 금융 거래를 모니터링하고 사기 가능성이 있는 거래를 탐지한다. 이 시스템은 전 세계 65% 이상의 신용카드 거래를 보호하고 있으며 매년 수십억 달러의 금융 사기를 예방하고 있다.

75세의 박 할아버지는 최근 AI 기반 금융 사기 예방 시스템 덕분에 큰 피해를 면했다. 박 할아버지의 계좌에서 평소와 다른 대규모 해외 송금이 시도되었을 때, AI 시스템이 이를 즉시 감지하고 거래를 중지시켰다. 은행은 박 할아버지에게 연락하여 상황을 확인했고 이를 통해 금융 사기 피해를 예방할 수 있었다.

④ AI 기반 맞춤형 보험 서비스

AI는 시니어들의 건강 상태, 생활 습관 등을 분석하여 개인화된 보험 상품을 추천하고 보험금 청구 과정을 간소화한다.

'Lemonade'는 AI를 활용한 보험 서비스로, 고객의 데이터를 분석하여 맞춤형 보험 상품을 제안하고 보험금 청구 과정을 자동화한다. 2021년 기준으로

Lemonade의 고객 수는 100만 명을 넘어섰으며, 특히 시니어 고객들의 만족도가 높은 것으로 나타났다.

70세의 최 할머니는 Lemonade를 통해 자신의 건강 상태와 생활 패턴에 맞는 건강보험에 가입했다. AI가 최 할머니의 웨어러블 디바이스 데이터, 의료 기록 등을 분석하여 최적화된 보험 상품을 추천했다. 또한 보험금 청구 과정도 AI를 통해 신속하게 처리되어, 최 할머니는 복잡한 절차 없이 필요한 의료 서비스를 받을 수 있었다.

이러한 AI 기반의 재정 관리와 금융 서비스는 시니어들이 더욱 안정적이고 편안한 노후 생활을 영위할 수 있도록 돕고 있다. 그러나 이와 동시에 금융 데이터의 보안, AI의 판단에 대한 책임 소재, 금융 소외 계층에 대한 고려 등 다양한 이슈들도 제기되고 있다. 따라서 AI 기술의 발전과 함께 관련 법규의 정비, 윤리 가이드라인 수립 등이 병행되어야 할 것이다.

6 교육과 자기 개발: AI가 열어주는 평생 학습의 기회

AI 기술은 시니어들에게 지속적인 학습과 자기 개발의 기회를 제공하고 있다. 개인화된 학습 경험, 언어 학습 지원, 새로운 기술 습득 등 다양한 영역에서 AI가 활용되고 있다.

1 AI 기반 맞춤형 온라인 교육

AI는 학습자의 수준, 학습 스타일, 관심사 등을 분석하여 개인화된 학습 경험을 제공한다. 이를 통해 시니어들은 자신의 페이스에 맞춰 효과적으로 새로운 지식을 습득할 수 있다.

'Coursera'는 AI를 활용하여 개인화된 학습 경로를 제공하는 대표적인 온라인 교육 플랫폼이다. AI가 학습자의 진도, 퀴즈 결과 등을 분석하여 최적의 학습 콘텐츠를 추천한다. 2021년 기준으로 Coursera의 등록 학습자 수는 7700만 명을 넘어섰으며, 55세 이상 학습자의 비율도 꾸준히 증가하고 있다.

68세의 이 할아버지는 Coursera를 통해 컴퓨터 과학 기초 과정을 수강하고 있다. AI가 이 할아버지의 학습 속도와 이해도를 분석하여 적절한 난이도의 강의와 과제를 제공하고 있다. 이를 통해 이 할아버지는 자신의 페이스에 맞춰 새로운 기술을 습득할 수 있었고 디지털 시대에 더욱 적응할 수 있게 되었다.

② AI 기반 언어 학습 지원

AI는 시니어들의 언어 학습을 효과적으로 지원한다. 음성 인식과 자연어 처리 기술을 활용하여 발음 교정, 문법 오류 수정, 맞춤형 학습 콘텐츠 제공 등의 서비스를 제공한다.

'Duolingo'는 AI를 활용한 대표적인 언어 학습 앱으로, 사용자의 학습 패턴과 성과를 분석하여 개인화된 학습 경험을 제공한다. 2021년 기준으로 Duolingo의 월간 활성 사용자 수는 4,000만 명을 넘어섰으며, 60세 이상 사용자의 비율도 10%에 달한다.

72세의 김 할머니는 Duolingo를 통해 영어를 학습하고 있다. AI가 김 할머니의 발음을 분석하여 즉각적인 피드백을 제공하고, 자주 틀리는 문법 사항에 대해 추가적인 연습 문제를 제공한다. 이를 통해 김 할머니는 6개월 만에 기초적인 영어 회화가 가능한 수준에 도달할 수 있었다.

③ AI 기반 디지털 기술 교육

AI는 시니어들이 빠르게 변화하는 디지털 환경에 적응할 수 있도록 맞춤형 기술 교육을 제공한다. 스마트폰 사용법, 온라인 쇼핑, 소셜 미디어 활용 등 실생활에 필요한 디지털 기술을 효과적으로 학습할 수 있도록 돕는다.

'SeniorNet'은 AI를 활용하여 시니어들에게 맞춤형 디지털 기술 교육을 제공하는 비영리 단체다. AI가 학습자의 기술 수준과 관심사를 분석하여 적합한 학습 내용과 방법을 추천한다. 2020년 한 해 동안 SeniorNet을 통해 10만 명 이상의 시니어가 디지털 기술을 학습했다.

75세의 박 할아버지는 SeniorNet을 통해 스마트폰 활용법을 배웠다. AI가 박 할아버지의 학습 진도와 자주 겪는 어려움을 분석하여 맞춤형 학습 자료를 제공했다. 그 결과 박 할아버지는 3개월 만에 스마트폰으로 뱅킹, 온라인 쇼핑, 화상 통화 등을 능숙하게 할 수 있게 되었다.

4 AI 기반 인지 기능 향상 프로그램

AI는 시니어들의 인지 기능을 유지하고 향상시키기 위한 다양한 프로그램을 제공한다. 기억력, 집중력, 문제 해결 능력 등을 훈련하는 게임과 활동을 통해 시니어들의 뇌 건강을 지원한다.

'BrainHQ'는 AI를 활용한 인지 기능 향상 프로그램으로, 사용자의 수행 능력에 따라 난이도를 자동으로 조절하고 개인화된 훈련 계획을 제공한다. 2021년 한 연구에 따르면 BrainHQ를 정기적으로 사용한 65세 이상의 시니어들은 기억력, 처리 속도, 주의력 등이 평균 18% 향상되었다(Journal of the American Geriatrics Society, 2021).

70세의 최 할머니는 BrainHQ를 통해 매일 30분씩 인지 기능 훈련을 하고 있다. AI가 최 할머니의 훈련 결과를 분석하여 적절한 난이도의 게임을 제공하고 취약한 영역에 대한 집중 훈련을 추천한다. 6개월간의 훈련 결과, 최 할머니는 일상 생활에서 기억력과 집중력이 눈에 띄게 향상되었음을 체감할 수 있었다.

이러한 AI 기반의 교육과 자기 개발 지원은 시니어들에게 평생 학습의 기회를 제공하고 있다. 이는 시니어들의 인지 기능 유지, 사회적 연결성 강화, 자아실현 등에 긍정적인 영향을 미치고 있다. 그러나 이러한 기술의 혜택을 모든 시니어들이 누릴 수 있도록 하기 위해서는 디지털 리터러시 교육, 경제적 지원, 접근성 개선 등의 노력이 필요할 것이다.

※「AI × 인간지능의 시대 "AI 시대를 항해하는 사피엔스를 위한 안내서"」(김상균 지음/베가북스)의 일부 내용을 저자의 허락하에 참조하고 인용하였다.

디지털 트랜스포메이션 시대, 안전하고 스마트하게 살아가기

디지털 트랜스포메이션(Digital Transformation)에 대하여 들어본 적이 있는가? 디지털 트랜스포메이션은 조직에서 기존의 운영 방식에 디지털 기술을 통합하여 조직의 운영 방식, 문화, 시스템등을 변화시켜나가는 과정이다. 즉, 모든 것이 디지털화되어 간다는 것이다. 이러한 시대에 우리는 다양한 형태의 범죄에 노출되고, 정보의 홍수 속에서 살고 있다. 최근 보이스피싱 사례는 그 심각성을 잘 보여준다. 할머니가 딸의 납치 협박을 받고 은행에서 3,000만 원을 찾은 사건은 보이스피싱의 전형적인 예이다. 할아버지가 할머니의 행동을 의심하고 경찰에 신고한 덕분에, 경찰은 신속하게 할머니를 찾아 보이스피싱 범죄를 막을 수 있었다. 이는 단순히 운이 좋은 사례가 아니라, 경찰과 시민의 신속한 협력이 이루어낸 성과이다. 경찰청 통계에 따르면, 2018년부터 2023년까지 보이스피싱 범죄는 꾸준히 발생하고 있다. 이는 디지털 기술의 발전과 함께 범죄 수법이 더욱 정교해지고 있다는 증거이다. 하지만 최근 들어 정부와 경찰의 적극적인 대책 마련과 대응 덕분에 보이스피싱 발생 건수는 줄어들고 있는 추세이지만, 이러한 위험에 노출되어 있는 사실은 변하지 않는다.

전화금융사기 발생건수

2018년	2019년	2020년	2021년	2022년	2023년
34,132건	37,667건	31,681건	30,982건	21,832건	15,328건

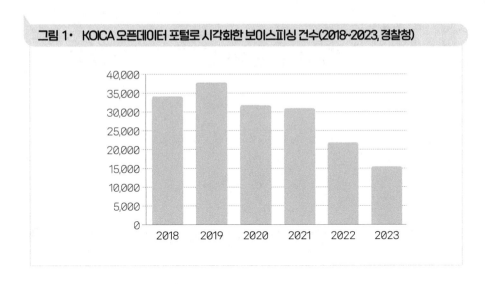

그림 1 · KOICA 오픈데이터 포털로 시각화한 보이스피싱 건수(2018~2023, 경찰청)

디지털 트랜스포메이션 시대에는 개인과 사회가 디지털 기술로 복잡하게 연결되어 있다. 예를 들어, 예전에는 은행에서 돈을 이체하기 위해 직접 방문해야 했지만, 지금은 스마트폰의 모바일 뱅킹을 이용하여 클릭 몇 번으로 쉽게 이체할 수 있다. (음식점에 가면 사람이 주문을 받는 대신 키오스크를 이용하는 경우가 많다. 음성 인식 장치로 가전제품을 제어하고, 실시간 교통 정보를 반영하여 혼잡한 경로를 피하고 최적의 이동 경로를 선택하여 알려준다.) 이는 일상생활을 편리하게 만들었지만, 동시에 보안 위협도 증가시켰다. 디지털화된 세계에서는 보이스피싱 외에도 개인정보 유출, 가짜 뉴스, 딥페이크, 해킹 등 다양한 범죄가 발생하고 있다. 이러한 범죄는 예전에는 상상할 수 없었던 형태로 우리의 일상 속으로 스며들고 있다. 따라서, 개인 정보의 보호와 관리, 가짜 뉴스와 허위 정보를 판별하는 능력이 그 어느 때보다 중요해졌다. 디지털 트랜스포메이션 시대는 편리함을 제공하는 동시에, 복잡한 네트워크와 새로운 형태의 범죄로 인해 다양한 도전에 직면해 있다. 보이스피싱 사례는 그중 하나일 뿐이며 이를 예방하고 대응하기 위한 지속적인 노력이 필요하다. 우리 모두가 경각심을 가지고 정보의 진위를 판별하는 능력을 길러야 할 때이다.

CHAPTER

01

디지털 보안 및 프라이버시

1 개인정보, 디지털 보안, 프라이버시 개념 바로 알기

개인정보는 개인의 성명, 주민등록번호, 주소, 연락처, 생년월일, 가족 정보 등 인적 사항부터 종교, 학력, 성적, 건강, 직장, 소득, 과태료 등 사회·경제적 정보까지 그 종류가 폭넓고 다양하다. 또한, 고객이 사업자의 서비스에 가입하거나 등록할 때 사용하는 정보, 통화 내역, 구매 내역 등도 개인 정보에 포함된다. 특히 시니어 세대가 주의해야 할 점은 이러한 개인 정보가 유출될 경우 은행 계좌 정보, 카드 번호, 비밀번호 등이 도용되어 금융 사기가 발생할 확률이 높아질 수 있다는 점이다. 주민등록번호, 주소, 전화번호와 같은 정보가 유출되면 다른 사람의 개인 정보를 훔쳐서 그 사람처럼 속이는 신원 도용이 일어날 수 있다. 따라서 시니어들은 낯선 사람에게 개인 정보를 절대 제공하지 말고 의심스러운 전화나 메시지를 받았을 때는 즉시 가족이나 친구, 혹은 경찰에 문의하여 확인하는 것이 중요하다. 개인 정보 보호는 이러한 위협으로부터 안전하게 디지털 생활을 하기 위한 첫걸음이다.

디지털 보안이란 개인 정보, 계정, 파일, 사진 등과 같은 데이터를 비롯하여 컴퓨터, 스마트폰, 태블릿 PC와 같은 장치, 네트워크, 소프트웨어, 애플리케이션, 프로그램 등의 시스템을 디지털 위협으로부터 보호하기 위해 행하는 모든 행위를 일컫는다. 사이버 보안이라고도 한다. 디지털 보안의 주요 목표는 해킹, 악성 소프트웨어, 데이터 유출 등의 사이버 공격으로부터 시스템과 정보를 안전하게 지키는 것이다.

프라이버시는 개인이나 집단에 관한 정보를 타인에게 선택적으로 공개할 수 있는 권리를 의미한다. 흔히 프라이버시를 사생활로 번역하기도 하지만, 두 용어에는 미묘한 차이가 있다. 사생활은 개인의 정보를 공개하지 않고 보호하는 측면에 초점을 맞추는 반면, 프라이버시는 정보 공개 여부를 개인이 스스로 결정할 수 있는 선택적 권리로 내 정보의 가치를 보호받을 수 있는 권리를 강조한다. 따라서 '사생활'은 주로 정보 보호의 수동적이고 방어적인 개념이고, '프라이버시'는 정보 관리의 능동적이고 적극적인 개념이다.

사생활과 프라이버시 개념 비교

구분	사생활	프라이버시
설명	개인 정보나 행동, 생활 방식이 타인에게 노출되지 않고 보호받을 권리	개인 정보가 타인에게 노출되지 않고 보호받을 권리
예	가족과의 저녁 시간 SNS를 이용한 연인과 대화	의료 기록 보호 위치 정보 보호

 시니어 세대가 주의해야 할 디지털 위협 10가지

최근 새로운 디지털 기기, 프로그램, 애플리케이션 등이 기하급수적으로 많아지고 빠르게 변화하면서 개인이 이를 따라잡기 어려운 상황이 되어가고 있다. 특히 기술 사용에 익숙하지 않은 시니어 세대는 이러한 변화를 인지하고 새로운 것을 습득하는 데 어려움을 겪고 있다. 시니어 세대가 주의해야 할 주요 디지털 위협을 금융 사기, 개인 정보 유출, 기술적 위협의 세 가지 영역으로 나누어 살펴보고자 한다.

1 금융 사기

금융 사기의 종류는 다음과 같다.

1. **피싱**: 메일, 메시지 등을 통해 은행 계좌 정보나 신용카드 번호 등 민감한 정보를 요구하는 사기이다. 출처가 불분명하거나 의심스러운 링크는 절대 클릭하지 않도록 주의해야 한다.

   예 고객님의 계정이 의심스러운 활동으로 인해 잠겼습니다. 계정을 복구하려면 여기를 클릭하세요.

   예 미납된 청구서가 있습니다. 즉시 결제하지 않으면 서비스가 중지될 수 있습니다. 결제하려면 여기를 클릭하세요.

   예 무료 상품에 당첨되었습니다! 상품을 받으려면 여기를 클릭하세요.

2. **스미싱**: 메시지를 통해 은행 계좌, 은행 비밀번호 등을 요구하는 사기이다.

   예 세금 환급이 가능합니다. 환급을 받으려면 여기를 클릭하세요: [악성 링크]

   예 정부 보조금 신청이 완료되었습니다. 자세한 정보를 확인하려면 여기를 클릭하세요: [악성 링크]

3. **신용카드 사기**: 신용카드 복제 기기를 통해 정보를 탈취하거나 도난당한 신용카드 정보를 이용하여 결재를 시도하는 사기이다.

   예 고객님의 카드로 의심스러운 결제가 시도되었습니다. 확인해 주세요.

4. **온라인 뱅킹 사기**: 개인의 온라인 뱅킹에 불법적으로 접근하여 자금을 인출하거나 이체하는 사기이다.

   예 최근 로그인 시도가 감지되었습니다. 계정을 보호하려면 비밀번호를 변경해 주세요.

2 개인 정보 유출

개인 정보 유출의 종류는 다음과 같다.

1. **패스워드 도용**: 패스워드가 도용되어 온라인 계정이 해킹되는 경우로 비밀번호를 자주 변경하고, 동일한 비밀번호를 여러 사이트에서 사용하지 말아야 한다.

2. **프라이버시 침해**: 주민등록번호, 전화번호, 주소 등 개인 정보가 유출되어 사생활이 침해되는 경우로 낯선 사이트에 개인 정보를 입력하기 전에 신뢰성을 확인해야 한다.

3. **악성 링크**: 이메일 또는 메시지의 악성 링크를 클릭하면 컴퓨터나 스마트폰에 있는 개인 정보가 유출될 수 있다. 의심스러운 링크는 절대 클릭하지 말고, 신뢰할 수 있는 발신자인지 확인한다.

4. **소셜 미디어 협박 및 갈취**: 특정 개인과 그를 둘러싼 가족과 친구들을 지속적으로 추적하고 괴롭히거나 민감한 정보를 탈취하여 협박하는 행위이다. 개인 정보를 소셜미디어에 과도하게 공개하지 않도록 주의해야 한다.

③ 기술적 위협

기술적 위협의 종류는 다음과 같다.

1. **랜섬웨어**: 악성 소프트웨어의 한 종류로, 사용자의 컴퓨터나 네트워크에 침투하여 데이터를 암호화하고 이를 인질로 삼아 금전을 요구하는 형태의 사이버 공격이다. 공격자는 암호화된 데이터를 복구할 수 있는 복호화 키를 제공하는 대가로 금전을 요구한다. 복호화 키란 암호화된 데이터를 원래 상태로 되돌리는 과정을 의미한다. 중요한 파일은 정기적으로 백업하고, 랜섬웨어 방지를 위해 최신 보안 소프트웨어를 설치해야 한다.

2. **스파이웨어**: 사용자의 동의 없이 컴퓨터나 모바일 장치에 설치되어 사용자 활동을 감시하고 개인 정보를 수집하는 악성 소프트웨어이다. 스파이웨어는 사용자의 인터넷 활동, 키보드 입력, 로그인 정보, 금융 정보 등을 은밀하게 수집하여 공격자에게 전달한다. 알 수 없는 소프트웨어를 설치할 때는 출처를 반드시 확인한다.

시니어 세대는 이러한 디지털 위협에 대한 경각심을 가지고, 의심스러운 활동이나 메시지를 접할 경우 즉시 가족, 주변 지인, 전문가에게 문의하고 도움을 요청한다. 또한 정기적으로 업데이트를 하여 보안을 최신 상태로 유지하며, 데이터를 주기적으로 백업하여 중요한 데이터를 보호해야 한다.

3 디지털 보안 체크리스트

책을 읽는 독자분들께서는 디지털 보안 체크리스트를 체크하면서 사용 중인 컴퓨터와 스마트폰이 디지털 위협에 얼마나 노출되어 있는지 확인해볼 수 있다.

디지털 보안 체크리스트

번호	항목	체크	
1	운영체제와 소프트웨어를 최신 버전으로 업데이트하였나요?	예	아니오
2	자동 업데이트를 설정해 두었습니까?	예	아니오
3	Wi-Fi 네트워크에 강력한 비밀번호를 설정하였습니까?	예	아니오
4	모든 온라인 계정에 강력한 비밀번호를 사용하고 있습니까?	예	아니오
5	비밀번호를 주기적으로 변경하고 있습니까?	예	아니오
6	의심스러운 이메일과 이메일 내 첨부파일을 열지 않도록 주의하고 있습니까?	예	아니오
7	온라인 결제 시 안전한 결제 수단(예: 알림서비스, 가상 카드번호)을 사용하고 있습니까?	예	아니오
8	카카오톡, 인스타그램, 페이스북 등 소셜 미디어에 과도하게 개인 정보를 공개하지 않습니까?	예	아니오
9	확인되지 않는 사람의 친구 요청, 신뢰할 수 없는 기관이 제공하는 정보 등을 신중하게 검토하고 있습니까?	예	아니오
10	신뢰할 수 있는 웹사이트만 방문하고 있습니까?	예	아니오

예 • 8개 이상: 디지털 보안 우수
　• 5~7개: 디지털 보안 보통
　• 1~4개: 디지털 보안 취약

점검 결과 디지털 보안에 '취약'으로 나올 경우 현재 나의 상황을 좀 더 꼼꼼하게 점검하고, 보안 관련 정보를 적극적으로 찾아보며 디지털 위협에 노출되지 않도록 다음 장의 내용을 하나씩 실천해 보자.

상황별 디지털 보안

디지털 시대를 살아가는 우리는 일상 속에서 수많은 디지털 기기와 서비스를 이용하고 있다. 스마트폰으로 소통하고, 컴퓨터로 업무를 처리하며, 다양한 온라인 플랫폼을 통해 정보를 얻고 여가를 즐기는 등 디지털 환경은 우리의 삶에 깊숙이 자리 잡고 있다. 하지만 이러한 편리함과 함께 디지털 보안의 중요성 또한 나날이 커지고 있다. 개인정보 유출, 해킹, 피싱 사기 등 다양한 위협이 도사리고 있어, 우리는 디지털 환경을 보다 안전하고 스마트하게 관리해야 할 필요가 있다. 이 장에서는 일상에서 마주칠 수 있는 다양한 상황을 중심으로, 디지털 보안을 어떻게 강화하고, 안전하게 즐길 수 있는지에 대해 알아보고자 한다. 디지털 보안의 기본 원칙부터 구체적인 사례와 대처 방법까지, 여러분의 디지털 생활을 한층 더 안전하게 만들어 줄 것이다.

1 컴퓨터 보안 - 강력한 비밀번호 설정 및 관리

1 안전하게 비밀번호 설정 및 관리하기

우리는 각종 사이트에 접속하거나 애플리케이션을 사용할 때 아이디와 비밀번호를 입력한다. 사이트마다 다르지만 보통 영문자, 숫자, 특수문자를 포함하여 비밀번호를 생성하도록 되어 있다. 보통 가입 시 생성했던 비밀번호를 변경하지 않으며, 사이트들의 비밀번호가 같아 디지털 위협에 노출될 가능성이 높아진다.

비밀번호는 노출될 경우 개인 정보가 유출되어 이메일, 소셜 미디어, 금융 등 불법적인 활동에 사용될 수 있다. 그러므로 비밀번호를 설정하고 관리하는 것은 매우 중요하다. 대부분의 사이트와 애플리케이션에서는 비밀번호 변경, 이중보안 설정(톱니바퀴 모양)에서 비밀번호를 변경하고 관리할 수 있다.

그림 2 • 네이버 로그인 화면

비밀번호 관리, 이렇게 하면 위험해요!

- 쉽게 추측할 수 있는 정보(생일, 전화번호, 연속된 번호 등)
- 타인에게 비밀번호 공유
- 공용 컴퓨터에서 자동 로그인하기

안전한 비밀번호 설정을 위한 조언

- 복잡한 비밀번호 만들기
  대문자, 소문자, 숫자, 특수문자를 포함한 복잡한 비밀번호를 만드세요.

비밀번호의 좋은 예와 안 좋은 예

좋은 예		안 좋은 예	
kimhappy34!@	특수문자를 넣으면 좋아요.	kimhappy34	특수문자가 없어 쉽게 찾을 수 있습니다.
kim,happy34@	영문 중간에 쉼표를 넣어보세요.	a12345678	연속된 숫자는 안 돼요.
kimhappY34!	대문자를 포함하면 좋아요.	kim0034	전화번호, 생일과 같이 개인정보를 포함하면 안 됩니다.

- 정기적으로 비밀번호 변경하기

  6~12개월 주기로 비밀번호를 변경하세요.

- 이중 인증을 활성화하기

  가능한 경우 모든 계정에 이중 인증(2FA)을 활성화하세요.

- 자동 로그아웃 설정하기

  일정 시간 후 자동으로 로그아웃되도록 설정하세요.

2 크롬에서 자동 로그인 기능 사용하지 않기

(1) 크롬창에서 오른쪽 상단 점 세 개 - 설정 순으로 클릭한다.

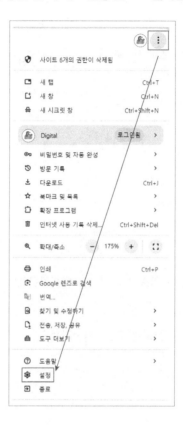

(2) 자동 완성 및 비밀번호에서 Google 비밀번호 관리자를 클릭한다.

(3) Google 비밀번호 관리자 - 설정 순으로 클릭한다. 자동으로 로그인을 오프(off)
상태로 한다.

3 구글 비밀번호 변경하기

(1) 크롬 웹 브라우저의 오른쪽 상단 점 9개 파이 버튼에서 계정을 클릭한다.

(2) 개인정보에서 비밀번호를 클릭한다.

(3) 새 비밀번호와 새 비밀번호 확인을 입력한 후, 비밀번호 변경을 클릭한다.

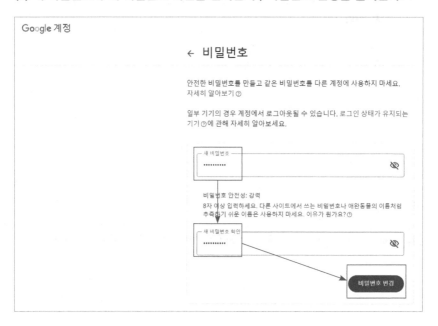

4 네이버 비밀번호 변경 및 보안 설정하기

(1) 네이버에 로그인하여 톱니바퀴 모양의 설정을 클릭한다.

(2) 보안설정을 클릭하면 보안설정에 비밀번호, 2단계 인증이 있다. 보안설정에서 비밀번호를 변경하고 2단계 인증을 설정한다.

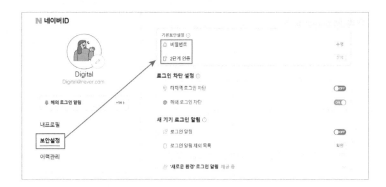

5 다음 비밀번호 변경 및 보안 설정하기

(1) 로그인하여 이름을 클릭한다.

(2) 계정 보안에서 2단계 인증과 비밀번호 변경이 가능하다.

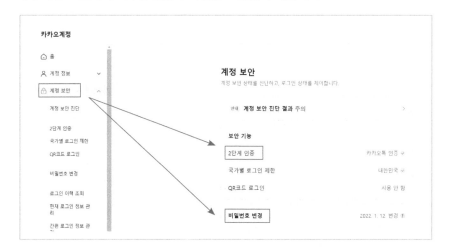

6 카카오톡 비밀번호 변경하기

(1) 카카오톡에 접속하여 더보기에서 오른쪽 상
단의 설정(톱니바퀴)을 클릭한다.

(2) 개인/보안을 클릭하여 My 비밀번호 관리에
서 비밀번호를 변경한다.

2 스미싱과 보이스피싱

1 보안 관리 - 스미싱

문자메시지에 의한 사기, 개인정보 유출 등 스미싱이 의심되는 경우 스미싱
확인 서비스를 이용하여 스미싱 여부를 확인해 보자.

(1) 카카오톡 검색창에서 '보호나라'를 검색한다.

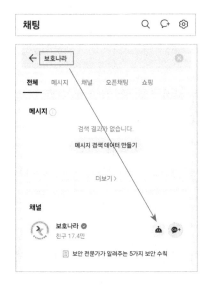

(2) '보호나라' 채널을 추가한다.

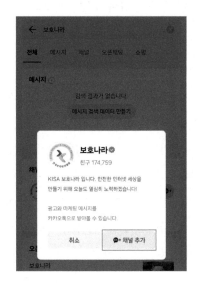

(3) 보호나라 채널에서 '스미싱'을 클릭한다.

(4) 스미싱 문자를 복사하여 붙여넣는다.

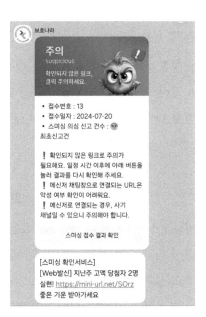

스미싱 의심 문자를 받은 시니어는 스미싱 결과를 확인 후 확인되지 않은 사이트의 경우 접속하지 않으며 스미싱인 경우에는 국번 없이 118로 신고한다.

2 보안 관리 - 보이스피싱

보이스피싱은 전기통신금융사기라고 하며 전화로 은행, 검찰청, 상품 결제, 카드발급, 택배, 법원, 교통 범칙금, 자녀를 사칭하는 하여 자금을 송금·이체하도록 하는 행위, 개인정보를 알아내어 자금을 송금·이체하는 행위, 자금을 교부받거나 교부하도록 하는 행위, 자금을 출금하거나 출금하도록 유도하는 모든 행위를 포함한다. 특히 전화로 이루어지는 보이스피싱은 대화를 하다보면 사실이 아닌 내용이 사실인 것과 같이 유도 질문을 하는 경우가 많으므로 보이스피싱이 의심되는 경우 전화를 끊거나 통화를 녹음한다. 보이스피싱은 피해를 입은 즉시 국번 없이 118에 제보를 해야 추가 피해를 예방할 수 있다.

oo은행인데요. 저금리로 대출을 해드립니다. 기존 대출금 상환을 위해 계좌를 이체해주세요.

검찰청 ooo 검사입니다. 본인 명의로 도용된 대포 통장이 범죄에 이용되었습니다. 자산 보호를 위해 통장의 돈을 안전 계좌로 이체하세요.

엄마 나 준철인데, 나 지금 휴대폰 액정이 깨져서 AS맡기고 컴퓨터 카톡으로 접속했어. 급하게 송금해 줘.

피싱 vs 스미싱

피싱과 스미싱은 둘 다 개인 정보 도용, 금융 사기, 악성 소프트웨어 설치 등과 같이 개인에게 심리적, 금전적으로 막대한 피해를 주는 행위이다. 클릭하면 애플리케이션이나 프로그램이 설치되어 개인 정보를 유출해가거나 신뢰할 수 있는 기관이나 사람을 사칭하여 시니어로 하여금 돈은 입금하는 등의 행동하게끔 만들기도 한다. 피싱과 스미싱의 차이를 살펴보면 다음과 같다.

피싱과 스미싱 비교

피싱	구분	스미싱
주로 이메일 또는 전화 통화를 통해 이루어짐	매체	주로 SMS(문자 메시지)를 통해 이루어짐
긴박감을 주는 메시지 포함	특징	클릭을 유도하는 링크를 포함
"엄마, 나 핸드폰이 고장 나서 AS 맡겼어. 이 번호로 답장해 줘."	예시	"당첨되었습니다. 아래 링크를 클릭하여 당첨금을 확인하세요."

 ## 허위 정보 구별 - 소셜 미디어에서의 가짜 뉴스 구별법

가짜 뉴스는 뉴스로 제시된 허위 또는 오해의 소지가 있는 정보로, 가짜 뉴스는 종종 개인이나 단체의 평판을 손상시키거나 광고 수익을 통해 돈을 벌려는 목적을 가지고 있다(위키백과).

"특정 음식을 먹으면 병이 치료됩니다."라는 잘못된 정보를 믿고 제대로 된 치료를 받지 않으면 건강에 큰 해를 입을 수 있다. "투자의 기회를 놓치지 마세요!"와 같이 가짜 뉴스를 통한 사기 행위로 경제적인 피해를 입을 수도 있다. 정치적 판단 면에 있어서도 "이 후보가 범죄를 저질렀다."와 같이 검증되지 않은 허위 정보를 믿고 투표를 하면 정치적으로 올바른 선택을 하기 어렵다.

그렇다면 소셜 미디어에서 가짜 뉴스를 구별하는 것이 왜 중요할까? 젊은 세대는 하나의 물건을 사더라도 각종 소셜 미디어, 블로그, 공식 사이트, 유튜브 등에서 수많은 정보를 비교해 본다. 디지털 환경에 익숙하지 않은 시니어 세대는 정보를 검색하는 루트가 단순하고, 정보를 습득했더라도 좋은, 올바른 정보를 선별하기 어려울 수도 있다. 이에 시니어도 다양한 사이트에 접속해 보고 스스로 판단하는 과정이 반드시 필요하다.

소셜 미디어에서 가짜 뉴스를 구별하는 방법

방법	설명
뉴스 출처 확인하기	유명한 뉴스 사이트나 신뢰할 만한 출처에서 나온 뉴스인지 확인
기자/작가 확인하기	기사를 쓴 사람이 신뢰할 만한 기자/작가인지 확인
뉴스 날짜 확인하기	오래된 뉴스를 최신 뉴스처럼 공유하는지 확인
팩트체크 사이트 활용하기	SNUFactCheck 및 기타 팩트체크 사이트 활용
다양한 사이트 정보 비교하기	여러 사이트에서 정보를 찾아 비교

1 SNUFactCheck 사이트 활용하기

이 사이트는 서울대학교 언론정보연구소가 온라인상에 있는 정보의 팩트를 체크하여 정보를 사용하는 정보소비자가 정보를 판단하여 선택적으로 활용할 수 있도록 도와준다. 이 사이트에서는 연설, 인터뷰, 보도자료, 언론사 기사, 소셜미디어에 자주 등장하는 내용 등 정치, 경제, 과학 IT, 사회, 문화 등 우리 생활 제반 분야에서 검증이 필요한 부분을 검증할 수 있다.

뉴스기사, 보도자료, 하나의 팩트에 관해 두 개 이상의 언론사가 검증을 하여 판정 결과를 뱃지로 표현하여 정보의 팩트를 한눈에 쉽게 알아볼 수 있다.

팩트체크 판정 결과 뱃지

기사의 오른쪽에 팩트검증 뱃지를 확인할 수 있으며 각 기사를 클릭하면 자세한 정보를 살펴볼 수 있다.

SNUFactCheck의 사용 방법은 다음과 같다.

1. 크롬창에서 '팩트체크'라고 검색한다.

2. 사이트의 첫 화면으로 메뉴 전체보기를 클릭하여 사이트의 내용을 살펴보자.

3. 평소 관심이 있거나 궁금했던 기사를 클릭하여 읽어본다.

4. 평소 관심 있는 언론사를 선택하면, 그 언론사에서 발행한 기사의 팩트체크 정보를 확인할 수 있다.

5. 공지사항의 팩트체크 우수상 수상작을 클릭하면, 최근에 수상한 정보들을 확인 가능
하다.

온라인 허위 정보의 대응 방법(출처: 유럽위원회, FIRST DRAFT)

1. 정보의 출처를 확인합시다.

   혹시 이름만 유사한 기관들을 사칭하고 있지 않나요?

2. 저자를 확인할 수 있나요?

   저자의 이름이 있다면 이 사람이 과거에는 어떤 글을 게시했는지, 실재하는 인물인
   지 확인해 봅시다.

3. 언제, 어디서 만들어진 것인지 알 수 있나요?

   동영상, 사진에서 발생 시간, 장소를 분명히 알 수 없다면 의심해야 합니다.

4. 다른 정보를 추가적으로 찾아보았습니까?

   내가 지금 보고 있는 정보를 신뢰할 수 있는 다른 기관에서도 다루었나요?

5. 정보가 과도한 불안을 줍니까?

   허위정보들은 공격 대상의 신뢰를 떨어뜨리기 위해 이런 감정을 부추깁니다.

팩트체크 사이트 활용하기

1. 크롬창에서 '팩트체크'를 검색하여 다음 사이트에 접속한다. 시작 버튼을 클릭한다.

2. 새 게임하기 - 플레이어를 등록한다.

3. 오른쪽 화살표 버튼을 클릭하여 사용 방법을 확인한다.

4. 원하는 주제를 선택한다.

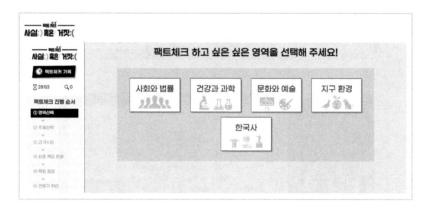

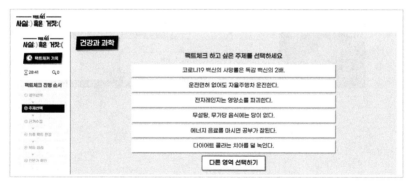

5. 왼쪽 박스에서 회색으로 된 부분을 클릭하면 다음과 같은 창이 뜨고, 선택한 내용이 '글쓴이, 출처, 작성일, 설명/논리'인지 판단하고, '해당 항목은 신뢰할 수 있을까요?'라는 물음에 '네/아니오'를 선택한 후 '확인'을 클릭한다.

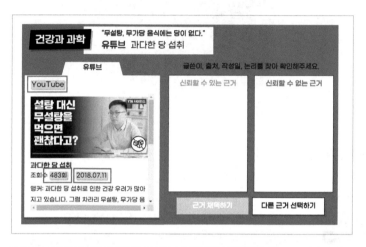

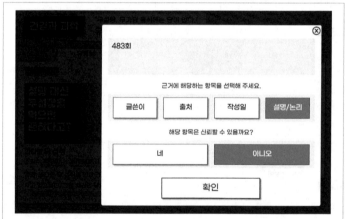

다음과 같이 초록색 화면이 나오면 팩트체크가 올바르게 된 것이다.

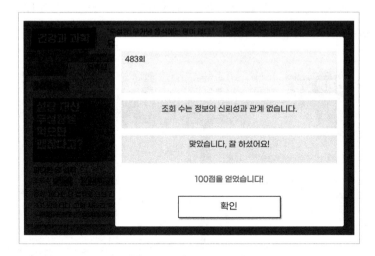

다음과 같이 빨간색 화면이 나오면 팩트체크가 올바르게 되지 못한 것이다.

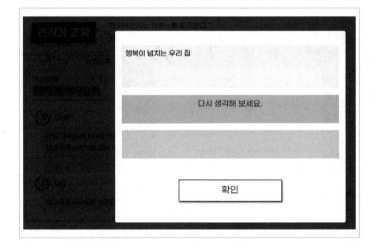

6. 팩트체크 활동에서 기사, 영상의 내용을 신뢰할 수 있는 근거와 신뢰할 수 없는 근거
   로 올바르게 나누었다면 '근거 채택하기'를 클릭한다. 만약 근거를 제대로 나누지 못
   했다면 '다른 근거 선택하기'를 클릭한다.

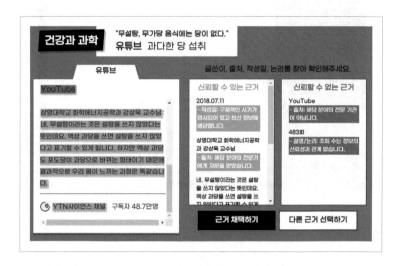

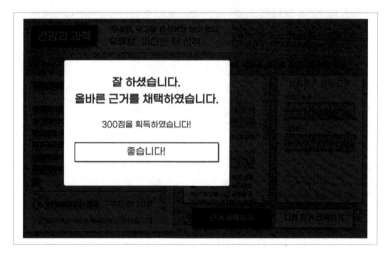

7. 사이트에서 제공하는 카카오톡, 신문, 신문, 유튜브, 인스타그램, 블로그를 모두 클릭하여 근거로 채택할지 여부를 판단한다. 이 화면에서는 신문 요즘 식품, 유튜브 과다한 당 섭취, 블로그 여러분의 건강을 책임지는 3가지가 근거로 채택하였다. '판별하기'를 클릭한다.

8. 선택한 주제의 사실, 판정보류, 거짓을 선택하여 확인하기 버튼을 클릭한다.

9. 팩트체커(나)와 팩트체크위원회 의견이 일치하였다. 팩트체크에 성공하였다.

디지털에 익숙하지 않은 시니어는 팩트체크를 하는 과정을 통해 올바른 정보
와 허위정보를 구분할 줄 아는 능력과 안목을 기를 수 있을 것이다.

허위 정보 구별 - 딥페이크

딥페이크(Deepfake)란 '딥러닝(Deep Learning)'과 '페이크(Fake)'의 합성어로,
인공지능 기술을 이용하여 만든 가짜 콘텐츠를 의미한다. 기존에 있던 인물의 얼
굴이나 특정 부위를 영화의 영화의 CG(컴퓨터 화상 처리)처럼 합성하여 얼굴을 다
른 사람의 얼굴로 바꾸거나 원래 하지 않은 말을 하도록 조작할 때 사용된다.

딥페이크는 한 사람의 얼굴을 다른 사람의 얼굴로 바꾸는 얼굴 합성, 특정 인
물이 말하지 않는 말을 하는 것처럼 입 모양을 바꾸거나 새로운 동작을 추가하는
영상 편집, 특정 인물의 목소리를 흉내 내는 목소리 변조 등이 있다.

딥페이크의 원리는 합성하려는 인물의 얼굴이 주로 나오는 고화질의 동영상
을 통해 딥러닝하여 대상이 되는 동영상을 프레임 단위로 합성하는 것이다. 딥러
닝은 인간의 뇌 작동 원리를 모방한 신경망을 사용하여 예시를 통해 배우는 방식
으로 컴퓨터가 학습하게 하는 머신러닝 중 한 분야인 기계학습 방법이다.

우리 생활에서 딥페이크는 교육, 의료, 비즈니스, 마케팅, 엔터테인먼트 등과
같이 우리 생활과 밀접한 다양한 분야에서 활용된다. 딥페이크를 다음과 같은 분
야와 내용으로 시니어의 삶의 질을 높이는데 도움받을 수 있다.

의료 분야

1. 시뮬레이션: 수술 전 미리 수술의 과정을 자세하게 살펴보고, 문제가 발생할 수 있는 부분을 미리 체크하여 수술의 성공률을 높인다.
2. 심리 치료: 전문의와 가상 대화를 통해 환자 맞춤형으로 심리 치료를 한다.

교육 분야

1. 인터랙티브 학습: 유명 교수, 강사, 교사의 강의를 가상으로 재현하여 언제 어디서나 학습하여 교육의 접근성을 높이고, 전문가에 의한 생생한 학습 경험을 제공하여 교육적 효과를 높인다.
2. 아바타: 아바타를 만들어 가상의 공간에서 게임, 학습 등을 할 수 있다. 아바타와 가상 현실을 이용하여 더욱 몰입감 있는 경험을 할 수 있다.

비즈니스 및 마케팅

1. 제품 데모: 옷을 직접 입어보지 않고 원하는 취향을 입력하면 옷을 추천해 주거나 원하는 원을 자신의 아바타에 입혀 잘 어울리는지 확인해볼 수 있다.

엔터테인먼트

1. 디지털 복원: 오래된 영화나 TV, 만날 수 없는 연예인들을 현대 기술로 복원하여 더욱더 생생한 화질로 실재감 있게 감상하고 즐길 수 있다.

위와 같이 딥페이크를 생활에 적절하게 활용하면 좋은 점도 있지만 반대로 딥페이크에 의한 심리적, 경제적인 피해를 입을 수 있다.

허위 사실 및 가짜 뉴스

유명 연예인, 정치인 등 사회적으로 얼굴이 알려지고 활동을 많이하는 공인들의 얼굴이나 행동에 허위 사실, 가짜 뉴스 딥페이크 영상을 제작하여 유포한다. 정보를 소비하는 소비자들이 판단 없이 이 정보를 받아들이면 허위 및 거짓 정보 인하여 올바른 판단을 하지 못하여 사회적, 정치적 혼란을 초래할 수 있다.

범죄 악용

1. **음란물 제작**: 특정 인물의 얼굴을 음란물에 합성하여 불법 음란물을 제작하고 배포할 수 있다. 이는 피해자에게 심각한 정신적, 사회적 피해를 준다.
2. **사기**: 딥페이크 영상으로 금융기관을 사칭하여 금융 사기, 신원 도용 등의 범죄를 당할 수 있다.

이와 같이 딥페이크 콘텐츠에 속지 않기 위해 다음과 같은 부분을 체크하여 딥페이크 영상에 피해를 입지 않고 안전한 디지털 생활을 할 수 있어야 한다.

1. **영상의 출처 확인**: 믿을 만한 출처에서 온 영상인지 확인한다.
2. **비정상적인 움직임과 표정**: 눈 깜빡임, 입 모양, 얼굴 근육 움직임 등이 자연스럽지 않은지 살펴본다.
3. **음성 분석**: 영상 속 인물의 목소리의 억양, 톤, 리듬, 빠르기 등이 원래 인물과 일치하는지 살펴본다.

안전한 디지털 생활을 위한 사이트

안전한 디지털 생활을 위해 다음 사이트에 접속하여 최신 정보를 확인해보자.

사이트명	사이트	활용
한국인터넷진흥원 (KISA)	kisa.or.kr	사이버 보안, 개인정보 보호, 인터넷 안전 관련 정보 제공
개인정보침해 신고센터	https://privacy.kisa.or.kr/main.do	개인정보 침해 신고 및 상담 서비스 제공
경찰청 사이버안전국	cyberbureau.police.go.kr	사이버 범죄 신고 및 예방 정보 제공

보이스피싱, 스미싱 등 당했다면 당황하지 말고 1332와 118에 전화하여 신고한다. 재빠른 후속 조치도 매우 중요하다.

구분	내용	기관	관련 문의
보이스피싱 (전기통신금융사기) 제보하기	전기통신금융사기에 이용된 전화번호, 계좌번호 등에 대해 제보	경찰청	1566-1188
전화번호 이용중지 신고하기	전기통신금융사기에 이용된 발신자의 전화번호를 사용하지 못하도록 신고	금감원	1332
스미싱 문자메세지 차단 신고하기	택배, 공공기관, 금융기관 등을 사칭(또는 악성앱 설치 유도)하는 URL 등을 포함한 문자	한국인터넷진흥원 (KISA)	118
발신번호 변작 신고하기	전화 및 문자 발송 시 거짓된 (변작된) 발신번호로 표시하는 행위	한국인터넷진흥원 (KISA)	118

AI 활용법

PART
04

일상이 되어버린 AI,
AI 친구들을 찾아서

CHAPTER 01

AI로 더 튼튼하게: 음식편(뤼튼)

◆

CHAPTER 02

AI로 시니어를 위한 맞춤 운동 관리: 운동편(아숙업)

◆

CHAPTER 03

여가도 AI와 함께: 여가편(네이버 클로바 X)

현대 사회는 급격한 기술 발전과 함께 변화하고 있다. 특히 인공지능(AI)은 우리 삶의 많은 부분에서 중요한 역할을 하고 있다. 시니어 세대 또한 이러한 변화에 적응하고 AI 기술을 통해 일상생활을 보다 편리하고 건강하게 영위할 수 있는 방법을 알아가는 것이 중요하다.

PART 04에서는 시니어들이 일상생활에서 AI를 쉽게 이해하고 활용할 수 있도록 '음식'과 '운동', '여가'라는 세 가지 주요 주제를 중심으로 구성되어 있다.

뤼튼과 아숙업, 네이버 클로바X, 에이닷 같은 AI 플랫폼을 사용하여 시니어들에게 숨은 친구를 찾아드리고자 한다.

한 가지 말씀드리고 싶은 것은 요즘 자고 일어나면 AI가 변화가 심하고 플랫폼도 자주 바뀌니 위와 같은 AI 플랫폼들이 책이 출간된 이후에는 다소 바뀔 수 있다는 점을 미리 말씀드린다.

CHAPTER

01

AI로 더 튼튼하게: 음식편(뤼튼)

뤼튼은 한국형 GPT로 한국어에 특화된 AI 플랫폼이다. 회원 가입과 로그인도 시니어들이 접근하기 편한 네이버로 할 수가 있어서 좋다. 또한 뤼튼은 GPT4를 무료로 사용할 수 있다는 장점도 있어서 더욱 편리하게 사용할 수 있다. 컴퓨터에 명령을 내리는 단어나 문장을 프롬프트라고 한다. 프롬프트를 잘 사용하면 시니어들이 많은 도움을 받을 수 있다.

자, 그럼 뤼튼 플랫폼을 들어가서 실습을 해보자.

1 뤼튼 들어가기

네이버 검색창에 뤼튼이라고 입력하고 엔터를 누른다.

> 그림 1 • 네이버 홈페이지

엔터를 치면 다음과 같은 화면이 나온다.

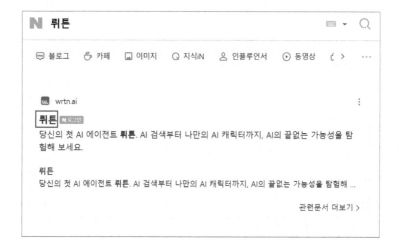

뤼튼을 클릭한다. 그러면 뤼튼의 메인화면이 나온다.

화면의 왼쪽 하단에 로그인을 클릭해서 로그인을 한다.

그림 4 · 로그인

wrtn.

제일 쉬운 AI를
무료로 즐기세요!

뤼튼의 AI는 사용할 수록 똑똑해져요

● 카카오 계정으로 1초 만에 시작하기

G 구글 계정으로 시작하기

N 네이버 계정으로 시작하기

 애플 계정으로 시작하기

또는

아이디

이메일 주소를 입력해주세요

비밀번호

비밀번호를 입력해주세요

로그인

회원가입   아이디 찾기   비밀번호 찾기

이용약관   개인정보처리방침   청소년 보호정책

로그인한 후, 뤼튼의 메인 화면에서 프롬프트를 입력한다. 프롬프트창에 물어
보고 싶은 것을 작성하고 엔터를 누르면 뤼튼이 대답을 해준다.

 ## AI로 더 똑똑한 나만의 식단 짜기

뤼튼 프롬프트창에 나만의 식단 계획을 세울 수 있다. 여기에서 프롬프트에
어떻게 입력하느냐에 따라 답변이 나오니 자세하고 구체적으로 질문을 해야
한다.

예시) • **프롬프트 1**: 건강에 좋은 채식 위주의 식단을 짜려고 해요. 아침 식단을 짜주세요.

• **프롬프트 2**: 점심 때 흰밥, 된장국, 오이 무침, 김치를 먹었는데, 부족한 영양소를 보충해줄 저녁 식단을 짜주세요.

• **프롬프트 3**: 시니어들을 위한 건강한 하루 식단을 짜주세요. 각 식사는 영양소가 균형 있게 포함되어야 하며, 소화가 잘 되는 음식과 고섬유질로 짜주세요.

• **프롬프트 4**: 시니어들을 위한 아침, 간식, 점심, 오후 간식, 저녁, 저녁 후 간식으로 구성된 하루 식단을 짜주세요.

그림 5 • 뤼튼 프롬프트창

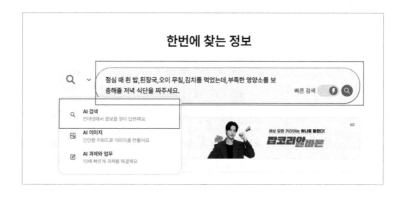

이렇게 프롬프트를 어떻게 넣느냐에 따라서 뤼튼이 답을 해준다. AI를 이용하면 더욱 쉽게 똑똑한 나만의 레시피를 얻을 수 있다.

그림 6 • 뤼튼 답변

점심 때 흰 밥, 된장국, 오이 무침, 김치를 먹었는데, 부족한 영양소를 보충해줄 저녁 식단을 짜주세요.

⚡ 답변

🌐 검색 과정   ⌄

점심 식단에서 흰 밥, 된장국, 오이 무침, 김치를 드셨다면, 주로 탄수화물과 일부 비타민, 미네랄을 섭취하신 것 같습니다. 저녁 식단에서는 단백질과 건강한 지방, 다양한 채소를 추가하여 영양소를 보충하는 것이 좋습니다. 다음과 같은 저녁 식단을 추천드립니다:

저녁 식단 제안

1. 단백질:
   - **구운 연어 또는 닭가슴살**: 오메가-3 지방산과 단백질을 보충할 수 있습니다.
   - **두부 스테이크**: 식물성 단백질을 원하신다면 두부를 구워서 드세요.
2. 채소:
   - **시금치나 브로콜리 나물**: 비타민과 미네랄이 풍부합니다.
   - **당근과 파프리카 샐러드**: 다양한 색상의 채소를 넣어 비타민 A와 C를 보충하세요.
3. 탄수화물:
   - **현미밥 또는 퀴노아**: 흰 밥 대신 섬유질이 풍부한 곡류를 선택하세요.
4. 지방:
   - **아보카도 슬라이스**: 건강한 지방을 추가할 수 있습니다.
   - **올리브유 드레싱**: 샐러드에 뿌려서 건강한 지방을 보충하세요.
5. 후식: ↓

뤼튼에게 무엇이든 물어보세요   🔍

프롬프트 2에 대한 답변이다. 이것 말고도 다양한 질문을 할 수 있고 그에 대한 답변을 얻을 수 있으니 많이 활용해보기를 추천한다.

 쉽고 맛있는 레시피

누구나 어느 순간에 특정한 음식이 먹고 싶을 때가 있다. 하지만 음식을 만드는 순서를 다 알고 있지는 않다. 이때 인공지능을 이용하면 시니어들이 필요한 레시피를 쉽게 얻을 수 있다. 그 레시피대로 음식을 하면 맛있는 음식을 만들 수 있다.

대한민국 시니어들이 좋아하는 음식 1위에서 5위를 챗GPT에게 물어보았더니(2024년 6월 8일 질문함, 챗GPT) 1위는 된장찌개, 2위는 불고기, 3위는 김치찌개, 4위는 삼계탕, 5위는 잡채라는 결과가 나왔다. 이 중에서 1위인 된장 찌개 레시피를 뤼튼에게 물어보면 다음과 같은 결과가 나온다.

예시) **프롬프트:** 당신은 훌륭한 요리사입니다. 맛있는 된장찌개 만드는 레시피를 알려주세요.

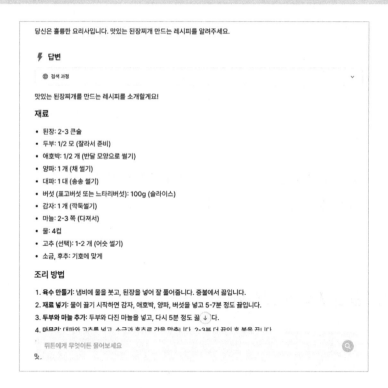

프롬프트를 입력하자마자 된장국 레시피가 뚝딱 나왔다. 이렇게 필요한 레시피를 얻고 싶을 때에도 AI를 활용할 수 있다.

4 특정 질병을 위한 식단 짜기

나이가 들수록 여기저기 아픈 곳이 있을 수 있다. 내가 가진 질병이 있다면 인공지능의 도움을 받아서 나만의 건강 식단을 짤 수가 있다. 또한 질병이 없는 사람에게는 질병을 예방할 건강 식단을 짤 수도 있다.

1 고혈압 환자에게 좋은 음식

요즈음 고혈압 환자가 많다. 고혈압 환자에게 좋은 음식이 궁금하다면 인공지능에게 물어보면 대답을 잘 해준다.

예시) • **프롬프트 1**: 고혈압 환자에게 좋은 음식은 무엇일까요?
 • **프롬프트 2**: 60대 여성을 위한 당뇨병 관리 식단을 작성해주세요. 목표는 혈당 수치를 안정적으로 유지하고, 필요한 영양소를 고루 섭취하는 것입니다.

2 고콜레스테롤 관리 식단

다음은 고콜레스테롤을 관리하기 위한 시니어 식단에 대한 프롬프트 예시이다.

예시) **프롬프트**: 70대 여성을 위한 고콜레스테롤 관리 식단을 작성해주세요. 목표는 콜레스테롤 수치를 낮추고 심혈관 건강을 증진시키는 것입니다. 아침, 점심, 저녁, 간식으로 나누어 식단 예시를 제시해주세요.

3 관절염 관리 식단

다음은 관절염 관리를 위한 시니어 식단에 대한 프롬프트 예시이다.

예시) **프롬프트**: 80대 남성을 위한 관절염 관리 식단을 작성해주세요. 목표는 염증을 줄이고 관절 건강을 유지하는 것입니다.

4 심혈관 질환에 관한 질문

예시) **프롬프트:** 심혈관 질환에 좋은 음식은 무엇일까요?

심혈관 질환에 좋은 음식은 무엇일까요?

⚡ **답변**

🌐 검색 과정　　　　　　　　　　　　　　　　　　　　　　　　　　　∨

심혈관 질환에 좋은 음식으로는 녹황색 채소, 등푸른 생선, 콩과 두부가 있습니다. [1] 이들 음식은 비타민과 오메가-3 지방산이 풍부하여 심장 건강에 긍정적인 영향을 미칩니다. [2] 또한, 통곡물과 견과류도 심장 건강에 도움이 됩니다. [4]

🗐　　　　　　　　　　　　　　　　　　　　　　　　　　　　　　🔖 저장하기

이와 같이 AI를 활용함으로써 더욱 건강한 식생활에 도움을 받을 수 있다.

CHAPTER 02

AI로 시니어를 위한 맞춤 운동 관리: 운동편(아숙업)

AI를 활용한 시니어 맞춤 운동 관리는 개인의 신체적, 정신적 건강을 종합적으로 고려하여 최적의 운동 계획을 제공할 수 있다. 초기 평가, 지속적인 모니터링, 실시간 자세 분석 등을 통해 안전하고 효과적인 운동을 할 수 있도록 도와준다. 이를 통해 시니어가 더 건강하고 활기찬 삶을 영위할 수 있도록 지원할 수 있다.

Askup(아숙업)은 Upstage에서 만들어진 인공지능 챗봇이다. Askup은 'Ask(묻다, 질문하다)'의 뜻과 'Upstag'의 기업명이 합성한 말로 챗GPT 기능을 가지고 있으며 챗GPT 기능을 통해 사용자와 대화를 하면서 질문에 대한 답변을 제공한다. Askup(아숙업)은 스마트폰에서 사용할 수 있으므로 다른 AI도구보다 더욱 편리하게 사용될 수 있다.

스마트폰에서 Askup(아숙업)에 들어가는 방법은 다음과 같다. 먼저, 카톡에서 맨 아랫줄 왼쪽 친구를 클릭한다.

그림 9 • 카카오톡 하단 메뉴

오른쪽 위 돋보기를 클릭한다.

그림 10 • 카카오톡 상단 메뉴

검색창에 '아숙업'이라고 쓴다. 화면 하단에 있는 채널 중에서 보라색 'Askup'
아이콘줄 'CH+'(채널)를 클릭한다.

그림 11 • 아숙업 화면 1

챗봇에게 메시지 보내기 란에 질문을 한다.

그림 12 • 프롬프트 창

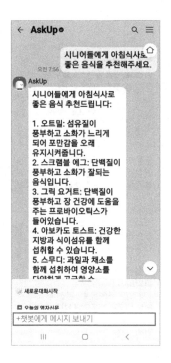

1 나이대별 운동 추천

시니어들에게 나이대별로 운동을 AI가 추천해줄 수 있다. 시니어(Senior)는 일
반적으로 65세 이상인 사람을 가리킨다. 이는 주로 사회적, 경제적, 정책적 맥락
에서 사용되는 기준이다. 예를 들어, 많은 나라에서 65세가 되면 노인 연금이나
기타 노인 복지 혜택을 받을 수 있는 연령으로 간주한다. 그러나 '시니어'의 정의
는 문맥에 따라 다를 수 있으며 일부 경우에는 60세 또는 그 이상의 연령대를 포
함할 수도 있다. 운동 프로그램이나 건강 관리 측면에서는 개인의 신체 상태와 활

동 수준에 따라 보다 유연하게 적용될 수 있다.

예시) **프롬프트**: 시니어들에게 나이대별로 적절한 운동을 추천해주세요.

그림 13 • 아숙업 화면 2

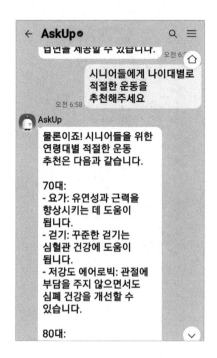

2 AI 코치의 운동 가이드

나이대별로 시니어에게 적합한 운동을 추천할 때는 각 개인의 신체 상태와 건
강 목표를 고려해야 한다. 적절한 운동 계획을 수립하고 안전을 최우선으로 하여
운동을 진행하는 것이 중요하다. AI 기술을 활용하면 개인별 맞춤 운동 프로그램
을 더욱 정교하게 설계할 수 있다.

1 관절에 무리가 가지 않는 운동

사람마다 개인의 신체 상태가 각각 다르다. 관절이 약한 사람들은 어떤 운동이 좋을지 아숙업에게 물어보니 다음과 같이 답했다.

예시) 프롬프트: 관절이 좋지 않은 시니어들에게 알맞은 운동을 추천해주세요.

그림 14 • 아숙업 화면 3

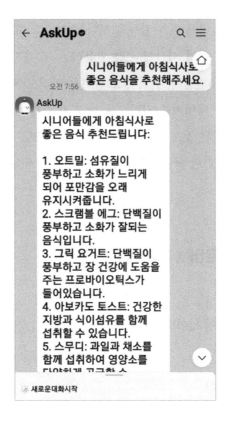

여가도 AI와 함께: 여가편(네이버 클로바 X)

AI 기술은 시니어들에게 여가 활동을 보다 즐겁고 의미 있게 만들 수 있는 다양한 방법을 제공한다. 여가 시간에 AI를 활용하는 몇 가지 방법은 AI로 여행 스케줄 짜기, 맛집 정보 추천받기, 취업 정보 알기등 여러 가지가 있다.

네이버 클로바 X는 네이버를 기반으로 하기 때문에 네이버 아이디로 로그인이 가능하다. 그래서 다른 것보다 편리하게 사용할 수 있고 한국에서 만들어서 한국형 문화에 대해 최적화된 플랫폼으로 한국 문화를 잘 이해하는 플랫폼이다.

1 네이버 클로바 X 들어가기

네이버에서 검색창에 네이버 클로바 X라고 입력한다.

그림 15 • 네이버 검색창

그러면 다음과 같은 화면이 나온다.

그림 16 • 네이버 클로바 X 검색

그러면 네이버 클로버 X 화면이 나온다. 오른쪽 상단의 회원 가입과 로그인을 한다.

그림 17 • 클로바 X 화면

클로바 X의 메인 화면이다.

그림 18 • 클로바 X의 메인 화면

화면 하단의 '자유롭게 대화해보세요.' 대화창에 궁금한 것들을 물어보면 된다.

2 AI로 여행 스케줄 계획하기

여행 스케줄을 계획하기 위해서는 네이버 클로바 X에 들어가서 프롬프트 창에 여행 스케줄에 대해 다음과 같이 질문을 하면 된다.

예시) **프롬프트**: 올해 가을에 4박 5일로 가족들과 제주도 여행을 가려고 해요.
가족들과 함께 하기 좋은 장소를 추천해주세요.

그림 19 • 클로바 X의 답변 1

제주도는 자연 경관이 아름답고 다양한 체험을 할 수 있는 곳이 많아 가족 여행지로 인기가 많습니다. 다음은 가족들과 함께 가기 좋은 제주도의 5곳을 추천해 드리겠습니다.

1. 한라산 국립공원: 제주도의 중심에 위치한 한라산은 아름다운 경치와 함께 등산을 즐길 수 있는 곳입니다. 계절마다 다른 풍경을 감상할 수 있으며, 백록담까지 올라가면 성취감도 느낄 수 있습니다.

2. 우도: 제주도 동쪽에 위치한 우도는 아름다운 해변과 자연 경관으로 유명합니다. 우도봉, 검멀레해변, 하고수동해수욕장 등 다양한 볼거리가 있으며, 해산물 요리도 맛볼 수 있습니다.

3. 아쿠아플라넷 제주: 아시아 최대 규모의 아쿠아리움으로, 다양한 해양 생물을 관찰할 수 있습니다. 오션아레나 공연, 해양과학관 등 다양한 프로그램을 운영하고 있어 가족 단위로 방문하기 좋습니다.

4. 에코랜드: 증기 기관차를 타고 숲 속을 여행하는 테마파크입니다. 호수, 정원, 곶자왈 등 다양한 자연 경관을 감상할 수 있으며, 피크닉존, 키즈타운 등 가족이 함께 즐길 수 있는 시설도 마련되어 있습니다.

5. 제주민속촌: 제주도의 전통적인 문화와 역사를 체험할 수 있는 곳입니다. 민속촌 내에는 전통 가옥과 생활용품 등이 전시되어 있으며, 민속공연, 체험 프로그램 등도 운영하고 있습니다.

위의 추천 장소들은 모두 제주도에서 인기 있는 관광지이며, 가족들과 함께 즐거운 시간을 보낼 수 있는 곳입니다. 여행 계획을 세울 때는 날씨와 교통편 등을 고려하여 일정을 조정하는 것이 좋습니다.

예시) 프롬프트: 위의 내용을 참조하여 제주도 4박 5일 가족여행을 날짜별로 짜주세요.

그림 20 • 클로바 X의 답변 2

다음은 제주도 4박 5일 가족여행 일정을 추천해 드리겠습니다.

1일차: 제주 국제공항 도착 - 렌터카 대여 - 성산일출봉 - 섭지코지 - 숙소 이동 및 휴식

- 오전: 제주 국제공항에 도착하여 렌터카를 대여합니다.
- 점심: 성산일출봉 근처에서 해돋밥 또는 갈치조림을 먹습니다.
- 오후: 성산일출봉을 등반하여 아름다운 경치를 감상합니다. 섭지코지로 이동하여 산책하며 여유로운 시간을 보냅니다.
- 저녁: 숙소로 이동하여 짐을 풀고 휴식을 취합니다.

2일차: 우도 - 아쿠아 플라넷 제주 - 숙소 이동 및 휴식

- 오전: 성산항에서 배를 타고 우도로 이동합니다. 우도봉, 검멀레 해변, 하고 수동 해수욕장 등을 둘러봅니다.
- 점심: 우도에서 땅콩 아이스크림과 해물 라면을 먹습니다.
- 오후: 우도에서 나와 아쿠아 넷 제주로 이동합니다. 아쿠아리움을 관람하고 오션 아레나 공연을 즐깁니다.
- 저녁: 숙소로 돌아와 휴식을 취합니다.

3일차: 에코랜드 - 제주민속촌 - 전지연폭포 - 숙소 이동 및 휴식

- 오전: 에코랜드 이동하여 증기 기관차를 타고 숲을 탐험합니다. 피크닉 존에서 휴식을 취하고, 키즈타운에서 아이들과 함께 놀며 즐거운 시간을 보냅니다.
- 점심: 에코랜드 인근 식당에서 흑돼지 구이를 먹습니다.
- 오후: 제주민속촌으로 이동하여 제주도의 전통문화와 역사를 체험합니다. 민속 공연을 관람하고, 체험 프로그램에 참여해 봅니다.
- 저녁: 전지연폭포로 이동하여 야경을 감상합니다. 숙소로 돌아와 휴식을 취합니다.

4일차: 한라산 등반 - 용문 관광단지 - 숙소 이동 및 휴식

- 새벽: 한라산 등반을 위해 일찍 일어납니다. 성판악 코스나 관음사 코스를 선택하여 등반합니다.
- 점심: 한라산 하산 후 유명 관광인지로 이동하여 갈치구이를 먹습니다.
- 오후: 전지연 폭포, 대포 주상절리, 여미지 식물원 등을 관람합니다.
- 저녁: 숙소로 돌아와 휴식을 취합니다.

5일차: 동문시장 - 용두암 - 공항 이동

- 오전: 동문시장으로 이동하여 기념품을 구입하고, 목록이, 순대, 김밥 등을 먹습니다.
- 오후: 용두암으로 이동하여 제주도의 마지막 경치를 감상합니다. 공항으로 이동하여 렌터카를 반납하고, 비행기를 탑니다.

자유롭게 대화해 보세요.

예시) 프롬프트: 위의 내용을 보기 쉽게 표로 만들어주세요.

그림 21• 클로바 X의 답변 3

위의 내용을 보기 쉽게 표로 만들어 주세요.

물론이죠! 아래는 요청하신 제주도 4박 5일 가족여행 일정을 표로 정리한 것입니다.

일자	일정
1일차	제주 국제공항 도착 - 렌터카 대여 - 성산일출봉 - 섭지코지 - 숙소 이동 및 휴식
2일차	우도 - 아쿠아 플라넷 제주 - 숙소 이동 및 휴식
3일차	에코랜드 - 제주민속촌 - 천지연폭포 - 숙소 이동 및 휴식
4일차	한라산 등반 - 중문 관광단지 - 숙소 이동 및 휴식
5일차	동문시장 - 용두암 - 공항 이동

이 표를 참고하여 가족들과 함께 즐거운 여행 계획을 세우시길 바랍니다!

다른 답변 보기 ↻

표와 같은 형식을 지정해주면, 위와 같이 보기 쉽게 표로 만들어 준다.

3 스킬(Skill) 기능 활용

스킬은 CLOVA X가 더 나은 응답을 사용자에게 제공할 수 있도록 도와주는 기능이다. 예를 들어 스킬을 통해 다음과 같은 작업이 가능하다.

- 네이버 쇼핑의 최신 정보를 연동하여 최저가, 상품 정보 추천 등을 받을 수 있다.
- 네이버 여행의 최신 정보를 연동하여 여행 상품 정보 추천 등을 받을 수 있다.
- 쏘카는 원하는 곳에서 빌릴 수 있는 다양한 차를 추천한다.
- 트리플은 떠나고 싶은 도시와 일정을 얘기하면, 국내와 해외여행 일정을 계획해 준다.

- 컬리는 건강한 식재료부터 믿을 수 있는 뷰티, 라이프스타일 상품까지 컬리의 다양한 상품을 추천해 준다.
- 원티드는 직무와 연차에 맞는 채용공고를 추천해 준다.

클로바 X의 오른쪽 상단에 보면 영문자 S와 비슷하게 생긴 글자가 보인다. 이것이 스킬 기능인데 한 번 클릭해본다.

그림 22 • **클로바 X의 스킬 기능**

그러면 스킬 기능에 대한 설명창이 나온다.

1 스킬 사용 방법

스킬을 활성화한다.

그림 23 • **스킬 클릭**

사용할 스킬을 선택한다.

그림 24 • 스킬 선택하기

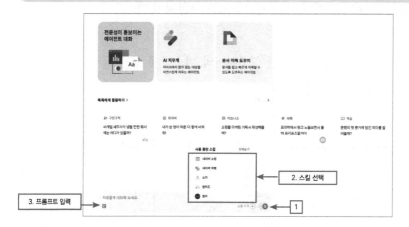

대화를 입력하면 스킬을 활용해 최적의 답변을 얻을 수 있다.

2 쇼핑 - 네이버 쇼핑 기능

네이버 클로바 X의 스킬 기능 중에는 네이버 쇼핑 기능이 있다.

그림 25 • 네이버 쇼핑 선택

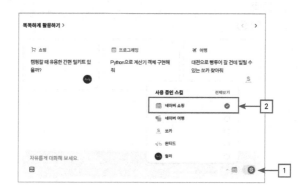

먼저 대화창에서 스킬을 활성화한다. 그리고 왼쪽의 √를 누른다. 그러면 사
용중인 스킬이라는 창이 생긴다. 그중에서 네이버 쇼핑을 선택한다.

예시) 프롬프트: 중학생 손자 졸업 선물을 사려고 해요. 요즘 중학생들에게 인기 있는 선물을 2만원 대에서 추천해주세요.

그림 26 • 네이버 답변

그러면 위와 같이 대답을 해준다. 대답 중에 1번 스마트폰 액세서리가 마음에 든다면 프롬프트창에 다음과 같이 입력해 쇼핑에 대한 답변을 얻을 수 있다.

예시) 프롬프트: 1번이 좋아요. 어디 제품이 인기 있나요?

그림 27 • 네이버 답변

이 기능을 통해 마음에 드는 상품을 클릭하여 더 자세히 보고 필요하다면 구매를 할 수도 있다.

③ 오늘 뭐 먹을까? 컬리 기능

매일의 삶 속에서 오늘은 무엇을 먹을까? 고민하는 경우가 있다. 이럴 경우에 네이버 클로바 X에서 음식을 추천받을 수 있고, 컬리 기능을 이용하여 주문까지 할 수 있다. 그러면 우리 집 문 앞까지 배달을 해주니 얼마나 편리한 세상인가?

그림 28 • 컬리 선택하기

스킬을 활성화하고 왼쪽의 √를 누른다. 그러면 사용 중인 스킬 창이 뜨고, 그 중에서 컬리를 선택한다. 그리고 대화창에 입력을 한다.

예시) 프롬프트: 맛있는 쌀국수를 추천해주세요.

그림 29 • 질문하기

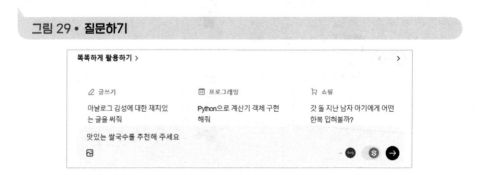

그러면 다음과 같이 추천을 해준다.

마음에 드는 곳을 클릭해서 컬리를 이용한다.

4 일자리 찾기 – 원티드 기능

네이버 클로바 X에는 스킬 기능에는 일자리를 찾고 알아볼 수 있는 원티드 기능이 있다. 나에게 맞는 일, 하고 싶은 일들을 알아볼 수도 있다.

스킬을 활성화하고 왼쪽의 ✓를 눌러서 원티드를 선택하고 입력창에 입력한다.

챗GPT와 함께,
시니어의 새로운 AI 여정

챗GPT 만나기

1 챗GPT의 기본 이해

1 챗GPT란 무엇인가?

챗GPT는 OpenAI가 개발한 대규모 언어 모델 기반의 인공지능 챗봇으로, GPT(Generative Pre-trained Transformer) 시리즈의 일환이다. GPT-3와 GPT-4 등 다양한 버전이 존재하며, 방대한 양의 텍스트 데이터를 학습하여 인간과 유사한 자연스러운 대화를 생성할 수 있다.

이 AI 모델의 주요 기능은 사용자의 텍스트 입력을 이해하고 적절한 응답을 생성하는 것이다. 기계 학습과 딥러닝 기술을 기반으로 작동하여, 일상적인 질문부터 전문적인 지식까지 다양한 주제에 대해 답변할 수 있다.

챗GPT는 단순히 질문에 답하는 것을 넘어 여러 실용적인 작업을 지원한다. 예를 들어, 이메일 작성, 소설 쓰기, 코딩 등의 창의적인 작업을 도울 수 있다. 이를 통해 사용자는 일상 생활에서 다양한 도움을 받을 수 있으며, 정보 획득과 작업 효율성 향상에 활용할 수 있다.

2 챗GPT의 역사와 발전

챗GPT는 처음에 GPT-2로 시작되었으며, 이후 GPT-3와 GPT-4로 발전해왔다. 각 버전은 이전 버전보다 더 많은 데이터와 더 복잡한 모델을 사용하여 성능을 개선하였다. GPT-3는 1750억 개의 파라미터를 가지고 있으며, 이는 이전 모델보다 훨씬 큰 규모이다. GPT-4는 이보다 더 많은 파라미터를 사용하여 더욱 자연스러운 언어 생성 능력을 제공한다.

챗GPT의 발전은 자연어 처리 기술의 큰 진전을 의미한다. 초기 모델은 제한된 응답을 제공했지만, 최신 모델은 복잡한 질문에도 적절한 답변을 제공할 수 있다. 이는 학습 데이터의 양과 모델의 복잡성이 증가했기 때문이다.

3 챗GPT의 작동 원리

챗GPT는 트랜스포머(Transformer) 아키텍처를 기반으로 작동한다. 트랜스포머 모델은 문맥을 이해하고 텍스트의 흐름을 파악하는 데 뛰어난 성능을 보인다. 챗GPT는 입력된 텍스트를 처리하고 이를 바탕으로 다음에 올 단어나 문장을 예측하여 응답을 생성한다.

챗GPT의 학습 과정은 크게 두 단계로 나눌 수 있다. 첫 번째는 사전 훈련(Pre-training) 단계로, 방대한 양의 텍스트 데이터를 사용하여 언어 모델을 학습시키는 것이다. 두 번째는 미세 조정(Fine-tuning) 단계로, 특정 작업이나 응용 분야에 맞게 모델을 조정하는 것이다. 이를 통해 챗GPT는 다양한 상황에서 높은 정확도의 응답을 제공할 수 있다.

2 챗GPT의 주요 기능과 특징

1 자연스러운 대화 생성

챗GPT는 자연스러운 대화를 생성하는 데 뛰어난 성능을 보인다. 이는 트랜스포머 아키텍처와 방대한 학습 데이터를 바탕으로 한 언어 이해 능력 덕분이다. 사용자는 챗GPT와의 대화를 통해 날씨 정보, 뉴스, 개인적인 조언 등 다양한 주제에 대해 질문하고 답변을 받을 수 있다.

챗GPT의 대화 생성 능력은 고객 서비스, 교육, 엔터테인먼트 등 다양한 응용 분야에서 활용될 수 있다. 이는 사용자 경험을 향상시키고 효율성을 높이는 데 기여한다. 또한 일상 생활에서 필요한 정보를 제공하며, 사용자가 더 나은 결정을 내리는 데 도움을 줄 수 있다.

2 텍스트 생성 및 요약

챗GPT는 텍스트 생성과 요약 작업에서도 뛰어난 성능을 발휘한다. 사용자는 챗GPT를 활용하여 이메일, 보고서, 기사 등을 작성할 수 있다. 또한, 긴 문서를 요약하여 핵심 내용을 빠르게 파악할 수 있도록 도와준다.

텍스트 생성 기능은 특히 콘텐츠 제작 분야에서 유용하다. 작가, 블로거, 마케터 등은 챗GPT를 활용하여 창의적이고 풍부한 콘텐츠를 생산할 수 있다. 이는 콘텐츠 제작의 속도를 높이고 품질을 향상시키는 데 도움이 된다.

3 다국어 지원과 번역

챗GPT는 다국어 지원과 번역 기능을 제공한다. 사용자는 챗GPT를 활용하여 다양한 언어로 텍스트를 번역하거나 다국어 대화를 나눌 수 있다. 예를 들어, 영어로 작성된 문서를 한국어로 번역하거나, 외국인과의 대화에서 실시간 번역을 제공할 수 있다.

다국어 지원 기능은 국제 비즈니스, 여행, 교육 등 다양한 분야에서 활용될 수 있다. 이를 통해 언어 장벽을 극복하고 더 넓은 범위의 사람들과 소통할 수 있다. 이는 글로벌화 시대에 필수적인 도구로 자리 잡고 있다.

③ 챗GPT와 다른 AI 도구 비교

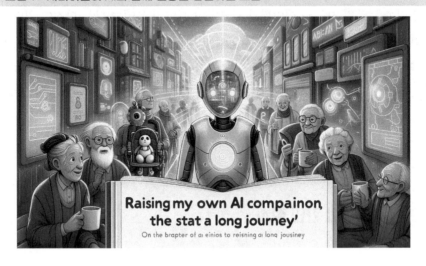

1 챗GPT와 기존 챗봇의 차이점

기존 챗봇은 주로 사전 정의된 규칙과 답변을 기반으로 작동한다. 이는 제한된 대화 능력을 제공하며 예기치 않은 질문에 대해 적절한 답변을 제공하는 데 한계가 있다. 반면, 챗GPT는 트랜스포머 아키텍처와 방대한 학습 데이터를 기반으로 하여 더 자연스럽고 유연한 대화를 생성할 수 있다.

챗GPT는 사용자의 맥락을 이해하고 상황에 맞는 답변을 제공할 수 있다. 이는 기존 챗봇에 비해 더 인간다운 대화를 가능하게 한다. 예를 들어, 챗GPT는 복잡한 질문에 대해 심도 있는 답변을 제공하거나 사용자의 감정에 맞춘 답변을 생성할 수 있다.

② 챗GPT와 다른 AI 도구의 장단점

챗GPT는 다양한 AI 도구 중에서도 독보적인 성능을 자랑한다. 텍스트 생성, 번역, 대화 등 여러 기능에서 높은 정확도와 유연성을 제공한다. 그러나 챗GPT는 방대한 컴퓨팅 자원과 데이터가 필요하며 운영 비용이 높다는 단점이 있다.

반면, 다른 AI 도구들은 특정 작업에 최적화되어 있어 더 저렴하고 효율적으로 운영될 수 있다. 예를 들어, 특정 도메인에 특화된 AI 도구는 챗GPT보다 더 높은 성능을 발휘할 수 있다. 따라서 사용자는 자신의 필요에 맞는 AI 도구를 선택하는 것이 중요하다.

④ 챗GPT의 가입 절차

① 검색창에서 'Chatgpt' 검색

챗GPT에 가입하려면 먼저 검색엔진에 "챗GPT" 또는 "Chatgpt" 등을 검색한다. 구글 웹 브라우저 또는 네이버 웹 브라우저를 열고, 주소창에 "Chatgpt"를 입력한 후 엔터 키를 누른다. OpenAI의 홈페이지가 열리면, 화면 상단의 메뉴에서 "챗GPT" 또는 "Sign Up" 버튼을 클릭한다.

그림 2 • 구글, 네이버 검색창에 ChatGPT 입력 화면

웹 브라우저 창 상단에 나오는 홈페이지에서 Introducing ChatGPT를 클릭한다.

Introducing ChatGPT 창이 열리면 중앙의 Try ChatGPT를 클릭하면 ChatGPT 웹 브라우저가 나온다.

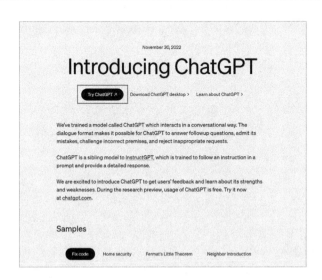

2 회원 가입

챗GPT를 사용하려면 OpenAI 계정을 만들어야 한다. 회원 가입 페이지에서 구글 계정으로 계속하기를 선택 구글 계정으로 활성화한다.

ChatGPT 창 하단의 회원 가입을 클릭하여 회원 가입을 한다.

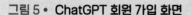

그림 5 • ChatGPT 회원 가입 화면

회원 가입을 위한 계정을 만든다. 이메일 주소를 입력하고 이메일 계정으로 가입할 수도 있지만, 보다 간편하게 하기 위하여 구글 계정으로 하는 것을 추천한다. **구글로 계속하기를 클릭하여 구글 계정, 즉 구글 gmai을 선택한다.**

그림 6 • ChatGPT 구글 계정으로 회원 가입하는 화면

보여진 구글 계정이 맞는지 확인하고 계정 선택을 위해 메일 주소를 클릭한다.

그림 7 • 구글 계정의 gmail을 확인하는 화면

OpenAI 서비스로 로그인을 위하여 계속 클릭한다.

그림 8 • 선택한 구글 계정이 맞는지 다시 한번 확인하고 계속 진행

계정이 만들어지면 이름과 생일 등 사용자의 정보를 입력하고 '동의함'을 클릭한다.

그림 9 • 계정 생성 후 사용자 정보를 입력하고 동의하는 과정

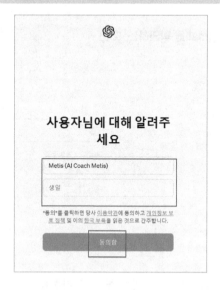

드디어 챗GPT 가입이 완료되었다.

그림 10 • 챗GPT 가입이 완료된 후 챗GPT 메인 화면

다시 로그인할 경우는 다음과 같다. 챗GPT를 사용을 마치고 나중에 다시 사용하려고 할 경우 로그인창이 나타난다. 그러면 구글로 계속하기를 클릭하여 로그인한다.

그림 11 • 다시 로그인할 경우 로그인 화면

로그인이 완료되면 챗GPT 창이 나타난다.

그림 12 • 로그인 후 챗GPT 메인 화면

5 챗GPT의 사용 방법

1 기본 사용법

챗GPT에 로그인한 후, 대화창에 질문을 입력하고 엔터 키를 누르면 챗GPT
가 답변을 제공한다. 챗GPT는 다양한 주제에 대해 질문을 받을 수 있으며, 최대
한 정확하고 유용한 정보를 제공하기 위해 노력한다.

챗GPT는 단순한 질문 답변 외에도 글쓰기 도우미, 번역, 요약 등의 유용한 기
능을 제공한다. 사용 시 명확한 질문을 하는 것이 중요하며, 간단하고 명확한 문
장을 사용하는 것이 좋다.

챗GPT의 기본 인터페이스 구조는 다음과 같다.

(1) 대화 창 구조

챗GPT의 기본 인터페이스는 대화 창으로 구성되어 있다. 대화 창의 상단에는
제목과 메뉴가, 하단에는 텍스트 입력란과 전송 버튼이 있다. 사용자는 텍스트 입
력란에 질문을 입력하고 전송 버튼을 클릭하면 챗GPT가 답변을 제공한다.

(2) 메뉴와 설정

챗GPT의 인터페이스에는 계정 정보, 설정, 도움말 등의 다양한 메뉴와 설정 옵션이 있다. 설정 메뉴를 통해 언어 설정, 알림 설정, 화면 밝기 조정 등 사용자 환경을 개인화할 수 있다.

(3) 프로필 관리

챗GPT의 프로필 관리 기능을 통해 개인 정보를 관리하고, 프로필 사진을 업로드할 수 있다. 계정을 안전하게 유지하기 위해 비밀번호는 정기적으로 변경하고, 강력한 비밀번호를 사용하는 것이 중요하다.

2 질문 입력과 답변 받기

(1) 질문 입력 방법

챗GPT에 질문을 입력할 때는 명확하고 간결하게 작성하는 것이 좋다. 올바른 철자와 문법을 사용하며 한 번에 하나의 질문을 입력하여 대화를 명확하게 유지하는 것이 좋다.

(2) 답변 확인 및 대화 흐름 유지

챗GPT의 답변은 대화 창에 실시간으로 표시된다. 대화 흐름을 유지하기 위해서는 이전 대화 내용을 참고하며 연속적인 질문을 하는 것이 좋다.

(3) 다양한 질문과 답변 예시

① 일상 생활 질문 1

챗GPT는 일상 생활에서 발생하는 다양한 질문에 답변할 수 있다.

- 질문: "스파게티 카르보나라를 만드는 방법을 알려주세요."
- 답변: "스파게티 카르보나라를 만들기 위해서는 다음 재료가 필요합니다. 스파게티 면, 베이컨, 계란, 파마산 치즈, 후추, 소금. 먼저 스파게티 면을 삶습니다."

② 일상 생활 질문 2

- 질문: "제주도에서 꼭 가봐야 할 명소는 어디인가요?"
- 답변: "제주도에서 꼭 가봐야 할 명소로는 성산 일출봉, 한라산, 천지연 폭포, 협재 해수욕장 등이 있습니다. 성산 일출봉은 일출을 보기 좋은 장소로 유명합니다."

③ 건강 관련 질문 1

챗GPT는 건강 관련 질문에도 답변할 수 있다.

- 질문: "두통이 자주 생기는데 어떻게 하면 좋을까요?"
- 답변: "두통이 자주 생기는 경우, 충분한 휴식과 수분 섭취가 중요합니다. 또한, 스트레스를 줄이고, 규칙적인 수면 패턴을 유지하는 것이 도움이 됩니다. 만약 두통이 계속되거나 심해지면, 의사의 진료를 받는 것이 좋습니다."

④ 건강 관련 질문 2

- 질문: "건강하게 체중을 줄이기 위한 방법은 무엇인가요?"
- 답변: "건강하게 체중을 줄이기 위해서는 균형 잡힌 식단과 규칙적인 운동이 중요합니다. 하루에 30분 이상 걷기, 달리기, 자전거 타기 등의 유산소 운동을 하고, 과일, 채소, 단백질이 풍부한 음식을 섭취하는 것이 좋습니다."

⑤ 교육 및 학습 질문 1

챗GPT는 교육 및 학습에 관련된 질문에도 유용하다.

- 질문: "피타고라스 정리에 대해 설명해주세요."
- 답변: "피타고라스 정리는 직각삼각형에서 두 변의 제곱의 합이 빗변의 제곱과 같다는 것을 말합니다. 즉, $a^2 + b^2 = c^2$입니다. 여기서 a와 b는 직각을 이루는 두 변이고, c는 빗변입니다."

⑥ 교육 및 학습 질문 2

- 질문: "영어로 자기소개를 어떻게 하면 좋을까요?"

- 답변: "영어로 자기소개를 할 때는 다음과 같이 시작할 수 있습니다."

③ 다양한 기능 활용

챗GPT는 단순한 질문 답변 외에도 여러 가지 유용한 기능을 제공한다. 이를 통해 일상 생활, 교육 및 학습, 글쓰기, 번역, 요약 등 다양한 분야에서 도움을 받을 수 있다.

(1) 글쓰기 도우미

챗GPT는 이메일 작성, 보고서 작성, 소설 작성 등 다양한 글쓰기 작업에 도움을 줄 수 있다. 글의 구조를 잡거나 문장을 다듬는 데 활용할 수 있으며, 다양한 문체와 톤으로 글을 작성할 수 있어 상황에 맞는 적절한 표현을 찾는 데 유용하다.

- 질문: "고객에게 보낼 이메일을 작성하는 데 도움을 주세요."
- 답변: "안녕하세요 [고객 이름]님, 저희 제품에 관심을 가져주셔서 감사합니다. 다음 주 화요일에 새로운 제품이 출시될 예정이니 많은 관심 부탁드립니다. 감사합니다. [회사 이름] 드림"

(2) 번역 기능

챗GPT는 여러 언어로 된 텍스트를 번역하는 기능을 제공한다. 이를 통해 사용자는 다양한 언어로 된 정보를 쉽게 이해하고, 다국어 커뮤니케이션을 할 수 있다.

- 질문: "다음 문장을 영어로 번역해 주세요. 저는 오늘 아침에 커피를 마셨습니다."
- 답변: "I drank coffee this morning."
- 질문: "다음 문장을 프랑스어로 번역해 주세요. 내일 날씨가 어떨까요?"
- 답변: "Quel temps fera-t-il demain?"

(3) 요약 기능

챗GPT는 긴 문서를 요약하여 중요한 정보를 빠르게 파악할 수 있도록 도와준다. 이는 사용자가 긴 텍스트를 읽는 시간을 절약하고, 핵심 내용을 신속하게 이해하는 데 유용하다.

- 질문: "다음 기사를 요약해 주세요. 이 기사는 인공지능 기술의 발전과 그에 따른 사회적 영향에 대해 다룹니다. 최근 몇 년간 AI 기술은 급격히 발전하였으며, 이는 의료, 교육, 비즈니스 등 다양한 분야에서 혁신을 가져왔습니다. 그러나 AI 기술의 발전은 일자리 감소, 개인정보 보호 문제 등 다양한 사회적 문제를 야기할 수 있습니다."
- 답변: "다음 기사는 인공지능 기술의 발전과 그에 따른 사회적 영향에 대해 다루고 있습니다. AI 기술의 발전은 의료, 교육, 비즈니스 등 다양한 분야에서 혁신을 가져왔지만, 일자리 감소와 개인정보 보호 문제 등의 사회적 문제도 야기할 수 있습니다."

챗GPT는 이외에도 요리 레시피 찾기, 여행 계획 세우기, 건강 관련 질문 답변하기, 운동 계획 세우기 등 일상 생활에서 필요한 다양한 정보를 제공한다. 또한 교육 및 학습 도구로도 활용될 수 있어, 학생들은 공부 중에 궁금한 점을 물어보고 즉각적인 답변을 받을 수 있다. 이를 통해 학습 효율을 높이고 다양한 학습 자료를 제공받을 수 있다.

4 챗GPT 활용 사례

(1) 일상 생활에서의 활용

챗GPT는 일상 생활에서 다양한 방식으로 활용될 수 있다. 요리 레시피 찾기, 여행 계획 세우기, 건강 관련 질문 답변하기, 운동 계획 세우기 등에 도움을 준다. 또한 실시간으로 정보를 제공하여 사용자의 의사결정을 돕는다. 예를 들어, "가장 가까운 약국이 어디에 있나요?"와 같은 질문에 즉각적인 답변을 제공한다.

챗GPT는 엔터테인먼트와 여가 활동에도 유용하다. 영화, 음악, 책 추천 등을 받을 수 있으며, 게임, 퀴즈, 퍼즐 등의 놀이를 통해 사용자의 여가 시간을 즐겁게 만들어 준다.

(2) 교육 및 학습 도구로서의 활용

챗GPT는 학생들에게 즉각적인 답변과 설명을 제공하여 학습 효율을 높인다. 교사들은 수업 자료 준비, 학생 질문 답변, 교육 콘텐츠 생성, 교육 활동 계획 등에 활용할 수 있다.

또한 자습서나 온라인 교육 플랫폼에서 학습 자료를 보완하는 데도 유용하다. 학생들은 자습 중 모르는 내용을 즉시 해결하고, 추가 학습 자료를 제공받아 학습을 심화할 수 있다. 이는 자기주도 학습을 지원하고 학습 성과를 향상시키는 데 도움을 준다.

(3) 고객 서비스와 지원

챗GPT는 고객 서비스 분야에서 24시간 실시간 지원을 제공할 수 있다. 고객의 질문에 신속하고 정확하게 답변하거나 제품 정보와 사용 방법을 안내한다. 예를 들어, 온라인 쇼핑몰에서 주문 상태 확인, 제품 관련 문의 처리, 맞춤형 제품 추천 등을 할 수 있다.

또한 기업 내부에서 직원 지원 도구로 활용될 수 있다. 직원들은 인사 관련 문의, 시스템 사용 방법, 회사 정책 등에 대한 답변을 받을 수 있어 업무 효율성과 내부 커뮤니케이션을 향상시킨다.

5 챗GPT 활용 팁

(1) 명확한 질문 작성하기

챗GPT를 효과적으로 사용하기 위해서는 명확하고 간결한 질문을 작성하는 것이 중요하다. 구체적인 정보를 포함하고, 모호한 표현을 피하는 것이 좋다.

(2) 추가 정보 제공하기

챗GPT가 더 정확한 답변을 제공하도록 하기 위해 질문에 추가 정보를 포함하는 것이 유용하다. 배경 정보나 맥락을 제공하여 챗GPT가 질문을 더 잘 이해할 수 있도록 한다.

- 예시: "제가 내일 서울에서 미팅이 있는데, 비가 올 가능성이 있나요?"
- 답변: "내일 서울의 날씨는 맑을 것으로 예상됩니다. 비가 올 가능성은 낮습니다."

(3) 반복적인 질문 피하기

같은 질문을 반복적으로 입력하는 것은 챗GPT의 효율성을 떨어뜨릴 수 있다. 답변이 만족스럽지 않을 경우, 질문을 다르게 작성하거나 추가 정보를 포함하여 다시 질문하는 것이 좋다.

- 예시: "오늘의 날씨는?" (비슷한 질문을 반복하는 대신) → "오늘 서울의 날씨와 기온을 알려주세요." (더 구체적으로 질문)

 문제 해결 및 지원

1 일반적인 문제 해결

챗GPT를 사용하는 동안 발생할 수 있는 일반적인 문제를 해결하는 방법을 알아보자. 가장 흔한 문제는 인터넷 연결 문제, 로그인 문제, 답변의 정확도 문제 등이 있다.

1. 인터넷 연결 문제: 챗GPT는 인터넷을 통해 동작하기 때문에 안정적인 인터넷 연결이 필요하다. 인터넷 연결에 문제가 발생할 경우, 네트워크 설정을 확인하고, 인터넷 속도를 테스트해본다.
2. 로그인 문제: 로그인에 문제가 발생할 경우, 이메일 주소와 비밀번호를 다시

확인하고, 비밀번호를 재설정해본다. 계정이 잠겨 있거나 비밀번호를 잊어버린 경우, OpenAI 지원 센터에 문의하여 도움을 받을 수 있다.

3. **답변의 정확도 문제:** 챗GPT의 답변이 항상 정확하지 않을 수 있다. 중요한 정보는 추가로 확인하고, 필요한 경우 전문가의 조언을 받는 것이 좋다. 질문을 명확하고 구체적으로 작성하여 챗GPT가 더 나은 답변을 제공할 수 있도록 한다.

4. **과도한 의존 문제:** 챗GPT는 강력한 도구이지만, 모든 문제의 해답을 제공할 수는 없다. 중요한 결정이나 전문적인 조언이 필요한 경우에는 반드시 해당 분야의 전문가와 상담하는 것이 좋다. 챗GPT는 보조 도구로 활용하고, 최종 판단은 사용자가 내려야 한다.

② OpenAI 지원 센터 이용하기

챗GPT를 사용하는 동안 문제가 발생하거나 추가 지원이 필요한 경우, OpenAI 지원 센터를 이용할 수 있다. OpenAI 지원 센터에서는 다양한 도움말 자료와 FAQ를 제공하며, 문제 해결에 필요한 지원을 받을 수 있다.

OpenAI 지원 센터에 문의할 때는 문제가 발생한 상황을 상세히 설명하고 필요한 정보를 제공하여 지원 팀이 신속하게 문제를 해결할 수 있도록 한다. 지원 센터는 이메일, 전화, 채팅 등의 다양한 방법으로 이용할 수 있다.

③ 챗GPT 가입 및 사용 FAQ

(1) 자주 묻는 질문

Q: 챗GPT에 가입하려면 비용이 드나요?

A: 기본적인 사용은 무료이지만, 추가 기능이나 고급 기능을 사용하려면 유료 요금제를 선택해야 할 수 있다. OpenAI는 다양한 요금제를 제공하며, 사용자의 필요에 따라 선택할 수 있다.

Q: 챗GPT는 어떤 언어를 지원하나요?

A: 챗GPT는 다양한 언어를 지원한다. 한국어, 영어, 일본어, 중국어 등 여러 언어로 질문하고 답변받을 수 있다. 다국어 지원을 통해 글로벌 커뮤니케이션이 용이해진다.

Q: 챗GPT의 답변이 항상 정확한가요?

A: 챗GPT는 최대한 정확한 답변을 제공하려 노력하지만, 모든 답변이 항상 정확한 것은 아니다. 중요한 정보는 추가로 확인하는 것이 좋다. 챗GPT는 참고 자료로 활용하고, 중요한 결정은 전문가의 조언을 받는 것이 바람직하다.

Q: 챗GPT를 사용하려면 인터넷 연결이 필요한가요?

A: 네, 챗GPT는 인터넷을 통해 동작하기 때문에 안정적인 인터넷 연결이 필요하다. 인터넷 연결 없이 챗GPT를 사용할 수 없다.

Q: 챗GPT는 개인정보를 어떻게 처리하나요?

A: 챗GPT는 사용자의 개인정보를 보호하기 위해 최선을 다하고 있다. OpenAI는 개인정보 보호 정책을 준수하며, 사용자 데이터의 안전을 보장하기 위해 필요한 기술적, 관리적 조치를 취하고 있다.

4 추가 리소스

챗GPT 사용에 대한 추가 리소스는 다음과 같다.

- [OpenAI 공식 문서](https://beta.openai.com/docs/)
- [챗GPT 사용자 가이드](https://www.openai.com/guides/)
- [OpenAI 지원 센터](https://support.openai.com/)

이 리소스를 참고하여 챗GPT를 더욱 효과적으로 사용할 수 있다. 추가 리소스는 챗GPT의 다양한 기능과 활용 방법을 깊이 있게 이해하는 데 도움이 된다.

7 챗GPT의 사용 예절

1 올바른 사용 예절

챗GPT는 사용자와의 상호작용을 통해 작동하는 인공지능 도구이므로, 올바른 사용 예절을 지키는 것이 중요하다. 예를 들어, 존중하는 태도로 질문하고 비속어나 부적절한 언어를 사용하지 않는 것이 좋다.

챗GPT는 인공지능이지만 사용자와의 상호작용에서 인간적인 예절을 지키는 것이 중요하다. 이는 다른 사용자와의 상호작용에서도 마찬가지이다. 친절하고 예의 바른 태도로 질문하고 답변에 감사하는 표현을 사용하면 긍정적인 경험을 할 수 있다.

2 개인정보 보호

챗GPT를 사용할 때는 개인정보를 보호하는 것이 중요하다. 예를 들어, 챗GPT에 민감한 개인 정보를 입력하지 않도록 주의한다. 개인정보는 항상 신중하게 다루고 필요하지 않은 경우에는 입력을 피하는 것이 좋다.

OpenAI는 개인정보 보호 정책을 준수하며 사용자의 데이터를 안전하게 보호하기 위해 필요한 조치를 취하고 있다. 그러나 사용자는 자신의 개인정보를 보호하기 위해 항상 주의를 기울여야 한다.

3 적절한 피드백 제공

챗GPT의 성능을 향상시키기 위해서는 사용자 피드백이 중요하다. 사용자는 챗GPT의 답변이 만족스럽지 않거나 개선이 필요할 경우, 적절한 피드백을 제공할 수 있다. 피드백은 챗GPT의 성능을 향상시키고, 더 나은 사용자 경험을 제공하는 데 도움이 된다.

피드백을 제공할 때는 구체적이고 명확하게 작성하는 것이 좋다. 예를 들어, "이 답변은 정확하지 않습니다. 더 자세한 설명이 필요합니다."와 같이 구체적으로 피드백을 제공하면 개발 팀이 문제를 해결하는 데 도움이 된다.

챗GPT는 다양한 기능과 사용 방법을 통해 사용자에게 많은 도움을 줄 수 있는 강력한 도구이다. 챗GPT는 시니어 사용자에게도 매우 유용한 도구로 일상 생활에서 필요한 정보를 제공하고 다양한 작업을 지원할 수 있다.

그림 13 • AI가 시니어들의 동반자로 일상의 삶 속에 함께하는 모습

CHAPTER
02
일상 속 챗GPT 활용법

① 아침 루틴에서의 활용

1 날씨 정보 확인

챗GPT는 매일 아침 날씨 정보를 확인하는 데 유용하다. 일어나자마자 오늘의 날씨를 알고 싶다면 챗GPT에게 물어보면 된다. 예를 들어, "오늘 서울의 날씨는 어때?"라고 질문하면 챗GPT는 현재 날씨와 기온, 비가 올 가능성 등을 알려준다.

- 질문: "오늘 서울의 날씨는 어때?"
- 답변: "오늘 서울의 날씨는 맑고, 기온은 20℃에서 25℃ 사이입니다. 비가 올 가능성은 낮습니다."

2 할 일 목록 작성

아침에 오늘 해야 할 일을 정리하고 싶다면 챗GPT를 활용하여 할 일 목록을 작성할 수 있다. 챗GPT에게 할 일을 입력하면 이를 정리하여 목록으로 만들어 준다.

- 질문: "오늘의 할 일 목록을 만들어 주세요."
- 답변: "오늘의 할 일 목록: 1) 장보기, 2) 은행 방문, 3) 친구와 점심 약속, 4) 헬스장 가기"

3 아침 식사 추천

챗GPT는 아침 식사 메뉴를 추천해줄 수 있다. 매일 아침 뭘 먹을지 고민된다면 챗GPT에게 아침 식사 추천을 요청해 보면 된다.

- 질문: "아침 식사로 뭘 먹으면 좋을까요?"
- 답변: "오늘 아침 식사로는 오트밀과 과일, 그리고 요거트를 추천합니다. 영양가가 높고 쉽게 준비할 수 있습니다."

2 건강 관리에 챗GPT 활용하기

1 운동 계획 세우기

챗GPT는 개인 맞춤형 운동 계획을 세우는 데 도움을 줄 수 있다. 사용자의 목표와 현재 체력 상태를 고려하여 적절한 운동 계획을 제안해준다.

- 질문: "주 3회 운동할 수 있는 계획을 세워 주세요."
- 답변: "주 3회 운동 계획: 월요일) 조깅 30분, 수요일) 요가 1시간, 금요일) 근력 운동 1시간"

2 건강한 식단 추천

챗GPT는 건강한 식단을 추천해줄 수 있다. 무엇을 먹을지 고민된다면, 챗GPT에게 건강한 식단을 요청해 볼 수 있다.

- 질문: "건강한 일주일 식단을 추천해 주세요."
- 답변: "건강한 일주일 식단: 월요일) 아침: 오트밀과 과일, 점심: 닭가슴살 샐러드, 저녁: 연어 구이와 야채, 화요일) 아침: 스무디, 점심: 현미밥과 채소, 저녁: 돼지 등심 구이와 샐러드"

3 건강 상담

챗GPT는 건강 관련 질문에도 답변할 수 있다. 특정 증상에 대해 궁금한 점이 있거나, 건강 관리 방법에 대해 알고 싶다면 챗GPT에게 물어보면 답해준다.

- 질문: "자주 피곤한데 어떻게 하면 좋을까요?"
- 답변: "자주 피곤함을 느끼는 경우, 충분한 수면을 취하고, 규칙적인 식사와 운동이 중요합니다. 또한, 스트레스를 줄이고, 비타민과 미네랄이 풍부한 음식을 섭취하는 것이 좋습니다. 만약 증상이 계속된다면 의사의 진료를 받는 것이 좋습니다."

3 여행 계획 세우기

1 여행지 추천

챗GPT는 여행지 추천에도 유용하다. 특정 계절이나 목적에 맞는 여행지를 추천받을 수 있다.

- 질문: "가을에 가기 좋은 여행지를 추천해 주세요."
- 답변: "가을에 가기 좋은 여행지로는 경주의 불국사, 전주의 한옥마을, 가평의 남이섬 등이 있습니다. 이곳들은 가을 단풍이 아름답고, 다양한 볼거리와 즐길 거리가 많습니다."

2 여행 일정 짜기

챗GPT는 여행 일정을 짜는 데 도움을 줄 수 있다. 여행지와 기간을 입력하면, 챗GPT가 일정표를 만들어준다.

- 질문: "서울 3일 여행 일정을 짜 주세요."

- 답변: "서울 3일 여행 일정: 1일차) 경복궁, 인사동, 청계천, 2일차) 남산타워, 명동 쇼핑, 한강 유람선, 3일차) 북촌 한옥마을, 동대문 디자인 플라자, 광장시장"

③ 여행 준비물 체크리스트

여행을 떠나기 전에 준비물을 체크리스트로 만들어 챗GPT에게 확인받을 수 있다. 챗GPT는 필요한 물품을 빠짐없이 준비할 수 있도록 도와준다.
- 질문: "여행 준비물 체크리스트를 만들어 주세요."
- 답변: "여행 준비물 체크리스트: 여권, 항공권, 숙박 예약 확인서, 옷, 세면도구, 카메라, 충전기, 약품, 신용카드, 현금"

4 쇼핑과 금융 관리

(1) 쇼핑 목록 작성

챗GPT는 쇼핑 목록을 작성하는 데 도움을 줄 수 있다. 필요한 물품을 입력하면 챗GPT가 목록으로 정리해준다.
- 질문: "된장찌개를 끓여야 하는데 된장만 있습니다. 추가로 필요한 재료에 대해 쇼핑 목록을 만들어주세요."
- 답변: "된장찌개를 끓이기 위해 필요한 추가 재료들을 위한 쇼핑 목록을 작성해드리겠습니다. 두부(약 200g), 애호박(1/2개), 감자(1개), 양파(1개), 대파(1대), 청양고추(1개, 선택 사항), 다시마(조각 1~2개), 멸치(약 10마리, 육수용), 마늘(3~4쪽), 고춧가루(선택 사항, 매운맛을 원할 경우), 표고버섯(3~4개, 선택 사항). 이 재료들을 준비하면 맛있는 된장찌개를 끓일 수 있을 것입니다!"

(2) 예산 관리

챗GPT는 예산 관리를 돕는 데도 유용하다. 월별 예산을 설정하고, 지출을 추적하는 데 도움을 받을 수 있다.

- 질문: "120만 원으로 이번 달 예산을 설정해 주세요."
- 답변: "이번 달 예산: 식비) 30만 원, 교통비) 10만 원, 여가비) 15만 원, 기타) 5만 원, 총 예산) 60만 원"

(3) 금융 상담

챗GPT는 금융 관련 질문에도 답변할 수 있다. 투자, 저축, 대출 등의 금융 상담을 받을 수 있다.

- 질문: "저축을 늘리는 방법을 알려 주세요."
- 답변: "저축을 늘리기 위해서는 먼저 월별 지출을 줄이고, 저축 목표를 설정하는 것이 중요합니다. 또한, 고정 지출과 변동 지출을 분리하여 관리하고, 불필요한 지출을 줄이는 것이 좋습니다. 자동 이체를 설정하여 일정 금액을 정기적으로 저축하는 것도 좋은 방법입니다."

5 교육과 학습 도구로서의 챗GPT

1 공부 계획 세우기

챗GPT는 학생들이 효율적으로 공부 계획을 세울 수 있도록 도와준다. 특정 과목이나 시험을 대비하기 위한 계획을 세울 수 있다.

- 질문: "영어 시험을 대비한 공부 계획을 세워 주세요."
- 답변: "영어 시험 공부 계획: 월요일) 단어 암기 1시간, 문법 공부 1시간, 화요일) 독해 연습 1시간, 듣기 연습 1시간, 수요일) 단어 암기 1시간, 에세이 작성 연습 1시간"

2 과제 도움받기

챗GPT는 과제를 할 때 도움을 줄 수 있다. 특정 주제에 대해 자세한 설명을 제공하거나, 참고 자료를 추천해줄 수 있다.

- 질문: "환경 보호에 관한 에세이를 작성하는 데 도움을 주세요."
- 답변: "환경 보호는 우리의 생존과 미래를 위해 매우 중요합니다. 환경 보호의 주요 방법으로는 재활용, 에너지 절약, 나무 심기 등이 있습니다. 예를 들어, 플라스틱 사용을 줄이고, 대중교통을 이용하며, 지역 농산물을 소비하는 것이 환경 보호에 기여할 수 있습니다."

3 학습 자료 제공

챗GPT는 다양한 학습 자료를 제공할 수 있다. 학생들은 챗GPT를 통해 추가 자료를 얻고, 더 깊이 있는 학습을 할 수 있다.

- 질문: "역사 공부를 위한 추천 도서를 알려 주세요."
- 답변: "역사 공부를 위한 추천 도서로는 '세계사', '한국사', '현대사' 등이 있습니다. 또한, '역사와 함께하는 인물 이야기'와 같은 책도 흥미롭게 읽을 수 있습니다."

6 취미 생활과 여가 활용

1 요리 레시피 찾기

챗GPT는 다양한 요리 레시피를 제공할 수 있다. 새로운 요리를 시도해보고 싶다면 챗GPT에게 레시피를 요청해보자.

- 질문: "초콜릿 케이크 레시피를 알려 주세요."
- 답변: "초콜릿 케이크 레시피: 재료) 밀가루 200g, 설탕 150g, 버터 100g,

초콜릿 100g, 계란 2개, 베이킹 파우더 1티스푼, 소금 약간, 1) 오븐을 180도로 예열합니다. 2) 초콜릿과 버터를 중탕으로 녹입니다."

2 취미 활동 추천

챗GPT는 다양한 취미 활동을 추천해줄 수 있다. 새로운 취미를 찾고 싶다면 챗GPT에게 추천을 요청해보자.

- 질문: "새로운 취미를 추천해주세요."
- 답변: "새로운 취미로는 그림 그리기, 뜨개질, 가드닝, 요가, 독서 등이 있습니다. 각 취미는 스트레스를 해소하고, 창의력을 높이는 데 도움이 됩니다."

3 문화 생활 즐기기

챗GPT는 문화 생활을 즐기는 방법도 추천해줄 수 있다. 공연, 전시회, 영화 등 다양한 문화 활동을 추천받을 수 있다.

- 질문: "이번 주말에 갈 만한 전시회를 추천해주세요."
- 답변: "이번 주말에 갈 만한 전시회로는 서울 예술의 전당에서 열리는 '현대 미술 전시회'가 있습니다. 이 전시회에서는 국내외 유명 아티스트의 작품을 감상할 수 있습니다."

 # 7 소셜 네트워킹과 커뮤니케이션

1 이메일 작성 도움받기

챗GPT는 이메일 작성에 도움을 줄 수 있다. 중요한 이메일을 작성할 때 챗GPT에게 도움을 요청해보자.

- 질문: "해외에 사는 딸과 사위에게 보낼 안부 메일을 작성해 주세요."

- 답변: "사랑하는 딸과 사위에게. 잘 지내고 있지? 우리도 여기서 잘 지내고 있어. 요즘 날씨는 어떤지 궁금하네. 건강은 잘 챙기고 있는지 모르겠다. 어제 시장에 다녀왔는데, 너희가 좋아하는 된장찌개 재료를 사면서 문득 생각이 났어. 같이 먹던 그 맛이 아직도 생생한데, 언제 다시 함께 할 수 있을까? 보고 싶다. 요즘 일은 어떻게 되어가고 있는지, 특별한 일은 없는지 궁금해. 사진이나 이야기 자주 들려주면 좋겠어. 우리도 여기서 특별한 일이나 재미있는 일이 생기면 바로바로 소식 전할게. 건강 잘 챙기고, 무리하지 말고, 언제나 행복하길 바란다. 사랑해. 엄마, 아빠가"

2 소셜 미디어의 콘텐츠 작성

챗GPT는 소셜 미디어에 올릴 콘텐츠 작성에도 도움을 줄 수 있다. 블로그 포스트, 페이스북 글, 트위터 글 등을 작성할 때 유용하다.
- 질문: "힐링을 주제로 페이스북에 올릴 글을 작성하는 데 도움을 주세요."
- 답변: "안녕하세요 여러분, 오늘은 저희 가족과 함께한 즐거운 주말 소식을 전해드리려고 합니다. 우리는 서울숲에서 피크닉을 즐겼고, 맛있는 음식을 나눠 먹으며 행복한 시간을 보냈습니다. 여러분의 주말은 어땠나요?"

3 비즈니스 커뮤니케이션

챗GPT는 비즈니스 커뮤니케이션에도 도움을 줄 수 있다. 회의록 작성, 비즈니스 제안서 작성, 고객 응대 등 다양한 비즈니스 관련 작업을 지원한다.
- 질문: "비즈니스 제안서를 작성하는 데 도움을 주세요."
- 답변: "안녕하세요, [고객사 이름] 팀 여러분, 저희 [회사 이름]은 귀사의 요구에 맞춘 맞춤형 솔루션을 제안드리고자 합니다. 이 제안서는 프로젝트 개요, 예상 비용, 일정 및 기대 효과를 포함하고 있습니다. 저희 솔루션이 귀사의 목표 달성에 큰 도움이 될 것으로 확신합니다."

8 기술과 IT 도움받기

1 컴퓨터 문제 해결

챗GPT는 컴퓨터 문제 해결에도 도움을 줄 수 있다. 소프트웨어 설치, 오류 메시지 해결, 시스템 최적화 등의 문제를 해결할 수 있다.

- 질문: "내 컴퓨터가 느려졌어요. 어떻게 해결할 수 있나요?"
- 답변: "컴퓨터가 느려지는 원인은 여러 가지가 있을 수 있습니다. 먼저, 불필요한 프로그램을 삭제하고, 디스크 정리를 해보세요. 또한, 바이러스 검사를 하고, 백그라운드에서 실행되는 프로그램을 확인하여 불필요한 프로그램을 종료하는 것이 좋습니다."

2 스마트폰 활용법

챗GPT는 스마트폰 활용법에 대한 조언도 제공할 수 있다. 앱 설치, 설정 변경, 기능 활용 등에 대한 도움을 받을 수 있다.

- 질문: "새로운 스마트폰에 앱을 설치하는 방법을 알려 주세요."
- 답변: "새로운 스마트폰에 앱을 설치하려면 먼저 앱 스토어를 열고, 원하는 앱을 검색합니다. 앱 이름을 클릭하고 '설치' 버튼을 누르면 앱이 다운로드되고 설치됩니다. 설치가 완료되면 홈 화면에서 앱 아이콘을 찾아 실행할 수 있습니다."

3 IT 관련 질문

챗GPT는 IT 관련 질문에도 답변할 수 있다. 네트워크 설정, 보안 문제, 최신 기술 동향 등 다양한 IT 관련 정보를 제공한다.

- 질문: "와이파이 연결이 자꾸 끊겨요. 어떻게 해결할 수 있나요?"

- 답변: "와이파이 연결이 자주 끊기는 경우, 먼저 라우터를 재부팅해보세요. 또한, 라우터와 컴퓨터 간의 거리를 줄이고, 신호 방해 요인을 제거하는 것이 좋습니다. 필요하다면 라우터의 펌웨어를 업데이트하고, 보안 설정을 확인하여 강한 비밀번호를 사용하는 것이 좋습니다."

9 창의적인 작업 지원

1 글쓰기 도우미

챗GPT는 창의적인 글쓰기 작업을 지원할 수 있다. 소설, 시, 에세이 등 다양한 글쓰기 작업에 영감을 제공하고 아이디어를 제안해준다.
- 질문: "단편 소설을 쓰고 싶어요. 아이디어를 주세요."
- 답변: "단편 소설 아이디어: 주인공은 작은 마을에서 살고 있는 평범한 소년입니다. 어느 날, 그는 마을 근처 숲에서 신비한 책을 발견하게 되고, 그 책을 통해 마법의 세계로 들어가게 됩니다. 그곳에서 그는 모험을 하며, 마을에 닥친 위기를 해결해야 합니다."

2 작사, 작곡

챗GPT는 음악 작사와 작곡에도 도움을 줄 수 있다. 특정 장르의 음악 작곡 아이디어를 제공하거나, 가사 작성을 도와준다.
- 질문: "팝송 가사를 쓰고 싶어요. 도움을 주세요."
- 답변: "팝송 가사 아이디어: [Verse 1] 하루 종일 너만 생각해 / 네 미소가 내 마음을 사로잡아 / [Chorus] 넌 내 꿈, 내 사랑 / 함께 있을 때 난 행복해."

③ 디자인 작업

챗GPT는 디자인 작업에도 영감을 줄 수 있다. 로고 디자인, 포스터 디자인, 웹 디자인 등의 작업에 대한 아이디어를 제공한다.

- 질문: "새로운 로고 디자인에 대한 아이디어를 주세요."
- 답변: "새로운 로고 디자인 아이디어: 회사 이름의 첫 글자를 활용한 심플한 디자인을 추천합니다. 예를 들어, 'A'라는 글자를 중심으로 현대적이고 세련된 스타일로 디자인하면, 브랜드의 정체성을 잘 표현할 수 있습니다. 또한, 두 가지 색상을 조합하여 시각적으로 인상적인 로고를 만들 수 있습니다."

챗GPT는 일상 생활에서 다양한 방식으로 활용할 수 있는 강력한 도구이다. 이처럼 챗GPT는 시니어 사용자에게도 매우 유용한 도구로 일상 생활에서 필요한 정보를 제공하고 다양한 작업을 지원할 수 있다.

CHAPTER

03

시니어를 위한 AI 활용 사례

① 기억 보조 및 추억 관리

1 일기 작성 및 관리

챗GPT는 시니어들이 매일 일기를 작성하고, 이를 체계적으로 관리할 수 있도록 도와준다. 일기를 작성하는 습관은 기억력을 유지하는 데 도움이 되며 챗GPT는 일기 작성을 쉽게 도와줄 수 있다.

- 질문: "오늘의 일기를 도와주세요."
- 답변: "오늘 하루 동안 특별한 일이 있었나요? 어떤 감정을 느꼈는지, 어떤 사람들을 만났는지, 무엇을 했는지 적어보세요. 예를 들어, '오늘은 친구와 공원에서 산책을 했다. 날씨가 맑고 상쾌해서 기분이 좋았다.'와 같이 작성해 보세요."

2 추억 회상 도우미

챗GPT는 시니어가 과거의 추억을 회상하는 데 도움을 줄 수 있다. 오래된 사진이나 특정 이벤트에 대해 이야기를 나누며 추억을 되살릴 수 있다.

- 질문: "옛날 사진을 보며 추억을 되살리고 싶어요."
- 답변: "사진 속의 기억을 떠올려보세요. 그때 누구와 함께 있었는지, 어떤 일

이 있었는지 이야기해보세요. 예를 들어, '이 사진은 20년 전 가족 여행 때 찍은 사진입니다. 우리는 제주도에 갔고, 아름다운 바다를 구경했습니다.'"

2 정신 건강 및 정서적 지원

1 명상 및 심호흡 안내

챗GPT는 시니어가 명상이나 심호흡 운동을 통해 스트레스를 관리하고 정신 건강을 유지하도록 도와줄 수 있다. 간단한 명상 방법이나 심호흡 연습을 안내받을 수 있다.

- 질문: "스트레스를 줄이기 위한 명상 방법을 알려주세요."
- 답변: "편안한 자세로 앉아 눈을 감고, 천천히 깊게 숨을 들이마셨다가 내쉬어 보세요. '마음 속에 평온을 찾는다'고 생각하며, 숨을 들이마실 때 4초, 멈추고 4초, 내쉴 때 4초씩 천천히 반복해보세요."

2 감정 표현 도우미

챗GPT는 시니어가 자신의 감정을 표현하고 이를 적절히 관리할 수 있도록 도와준다. 기분이 좋지 않거나 우울할 때 감정을 표현하는 방법을 알려주고 필요한 경우 전문가의 도움을 받을 수 있도록 안내한다.

- 질문: "기분이 울적할 때 어떻게 해야 하나요?"
- 답변: "기분이 울적할 때는 당신의 감정을 솔직하게 표현해보세요. 친구나 가족에게 이야기하거나, 일기나 편지를 써서 마음을 풀어보세요. 또한, 산책이나 가벼운 운동을 통해 기분 전환을 시도해보세요. 필요한 경우 전문 상담사의 도움을 받는 것도 좋습니다."

③ 긍정적인 마음가짐 유지

챗GPT는 시니어가 긍정적인 마음가짐을 유지할 수 있도록 도움을 줄 수 있다. 매일 긍정적인 생각을 하도록 유도하고 동기부여 문구를 제공할 수 있다.

- 질문: "긍정적인 마음을 유지하는 방법을 알려주세요."
- 답변: "매일 아침 긍정적인 생각으로 하루를 시작해보세요. 예를 들어, '오늘은 좋은 일이 생길 거야', '나는 소중한 사람이다'와 같은 긍정적인 문구를 생각해보세요. 또한, 감사한 일을 적어보거나, 좋아하는 취미를 즐기면서 긍정적인 에너지를 유지하세요."

③ 새로운 기술 습득

① 스마트홈 기술 배우기

챗GPT는 시니어가 스마트홈 기술을 배우고 활용하는 데 도움을 줄 수 있다. 스마트 조명, 스마트 스피커, 보안 카메라 등 다양한 스마트홈 기기의 사용법을 안내받을 수 있다.

- 질문: "스마트 조명을 어떻게 설정하나요?"
- 답변: "스마트 조명을 설정하려면 먼저 스마트 조명 앱을 다운로드하고 설치합니다. 앱을 열고 조명을 연결한 후, 와이파이에 연결된 상태에서 조명의 밝기와 색상을 조절할 수 있습니다. 예를 들어, '거실 조명을 50% 밝기로 설정해 줘.'라고 명령하면 됩니다."

② 소셜 미디어 활용법 배우기

챗GPT는 시니어가 소셜 미디어를 활용하는 방법을 배울 수 있도록 도와준다. 페이스북, 인스타그램, 트위터 등의 사용법을 단계별로 안내받아 친구들과 소통할 수 있다.

- 질문: "인스타그램에 사진을 올리는 방법을 알려주세요."
- 답변: "먼저 인스타그램 앱을 열고, 하단의 '+' 버튼을 클릭합니다. 사진을 선택한 후, 필터를 적용하고 설명을 추가합니다. 마지막으로 '공유' 버튼을 눌러 사진을 올리면 됩니다."

3 온라인 학습 플랫폼 활용

챗GPT는 시니어가 온라인 학습 플랫폼을 활용하여 새로운 기술이나 지식을 배울 수 있도록 도와준다. Coursera, Udemy, Khan Academy 등의 플랫폼에서 관심 있는 주제를 찾아 학습할 수 있다.

- 질문: "온라인으로 외국어를 배우고 싶어요. 어떻게 시작하나요?"
- 답변: "Coursera, Udemy, Duolingo와 같은 온라인 학습 플랫폼에서 외국어 강좌를 찾아보세요. 먼저 계정을 생성하고, 원하는 외국어 강좌를 선택한 후, 매일 꾸준히 학습하면 효과적으로 외국어를 배울 수 있습니다."

4 재정 관리 및 법률 상담

1 재정 계획 수립

챗GPT는 시니어가 재정 계획을 수립하고 관리하는 데 도움을 줄 수 있다. 월별 예산을 설정하고 지출을 추적하며 절약할 수 있는 방법을 제안받을 수 있다.

- 질문: "월별 예산을 어떻게 설정하면 좋을까요?"
- 답변: "먼저 월별 수입을 파악한 후, 필수 지출 항목(예: 주거비, 식비, 의료비)과 비필수 지출 항목(예: 여가비, 쇼핑비)을 구분합니다. 각 항목별로 예산을 설정하고, 지출을 기록하여 예산 내에서 생활할 수 있도록 관리하세요."

② 투자 상담

챗GPT는 시니어가 안전하게 투자를 시작할 수 있도록 기본적인 투자 지식을 제공하고, 적절한 투자 방안을 안내할 수 있다. 주식, 채권, 펀드 등에 대한 정보를 제공받을 수 있다.

- 질문: "안전한 투자를 시작하고 싶어요. 어떻게 하면 좋을까요?"
- 답변: "안전한 투자를 위해서는 먼저 자신의 재정 상황을 분석하고 투자 목표를 설정해야 합니다. 초보자는 안정성이 높은 채권이나 펀드에 투자하는 것이 좋습니다. 또한, 투자하기 전에 다양한 정보를 수집하고 금융 전문가의 조언을 받는 것이 중요합니다."

③ 법률 상담

챗GPT는 시니어가 일상 생활에서 마주칠 수 있는 법률 문제에 대해 기본적인 상담을 받을 수 있도록 도와준다. 계약서 작성, 유언장 작성, 상속 문제 등에 대한 정보를 제공받을 수 있다.

- 질문: "유언장을 작성하려면 어떻게 해야 하나요?"
- 답변: "유언장을 작성할 때는 자신의 재산 목록을 작성하고, 상속인을 명확히 지정해야 합니다. 유언장의 내용은 법적 효력을 가지도록 서명하고 날짜를 기입해야 합니다. 공증을 받으면 더욱 확실하게 유언의 의도를 전달할 수 있습니다."

⑤ 생활 편의 서비스 활용

① 온라인 쇼핑

챗GPT는 시니어가 온라인 쇼핑을 안전하고 편리하게 이용할 수 있도록 도와준다. 온라인 쇼핑몰에서 상품을 검색하고, 주문하고, 결제하는 방법을 안내받을 수 있다.

- 질문: "온라인으로 생필품을 주문하고 싶어요. 어떻게 하면 되나요?"
- 답변: "온라인 쇼핑몰에 접속하여 원하는 생필품을 검색합니다. 상품을 선택하고 '장바구니에 담기'를 클릭한 후, 결제 페이지로 이동하여 배송 정보를 입력하고 결제를 완료합니다. 주문이 완료되면 상품이 집으로 배송됩니다."

2 음식 배달 서비스 이용

챗GPT는 시니어가 음식 배달 서비스를 이용하는 방법을 안내해 줄 수 있다. 배달 앱을 설치하고 음식 주문과 결제 과정을 쉽게 따라할 수 있도록 도와준다.

- 질문: "음식 배달 앱을 이용하는 방법을 알려주세요."
- 답변: "먼저 배달 앱(예: 배달의민족, 요기요)을 다운로드하고 설치합니다. 앱을 열고 원하는 음식을 검색한 후, 메뉴를 선택하고 주문을 완료합니다. 결제는 신용카드, 계좌이체, 모바일 결제를 이용할 수 있습니다."

3 교통편 예약

챗GPT는 시니어가 교통편을 예약하는 데 도움을 줄 수 있다. 택시 호출, 대중교통 정보 조회, 항공권 예약 등을 안내받을 수 있다.

- 질문: "택시를 호출하는 방법을 알려주세요."
- 답변: "택시 호출 앱(예: 카카오택시)을 다운로드하고 설치합니다. 앱을 열고 출발지와 도착지를 입력한 후, '택시 호출' 버튼을 클릭합니다. 택시가 배정되면 기사님의 정보를 확인하고, 택시가 도착할 때까지 기다립니다."

챗GPT는 시니어가 일상 생활을 더욱 편리하고 안전하게 영위할 수 있도록 다양한 지원을 제공할 수 있다. 이를 통해 시니어는 기술의 혜택을 누리며 풍요롭고 만족스러운 삶을 살아갈 수 있다.

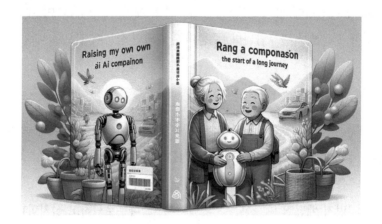

메모

AI와 함께 만들어가는
나만의 콘텐츠 세상
(SNS의 주인공이 되자!)

CHAPTER 01

디지털 세상에서의 소통

디지털 기술의 발전으로 현대 사회의 소통 방식은 이전과는 완전히 달라졌다. 스마트폰, 소셜 미디어, 인스턴트 메시징, 화상 회의 등의 도구를 통해 우리는 거리와 문화의 차이를 넘어 즉각적이고 실시간으로 소통할 수 있게 되었다. 이는 전 세계 사람들과 관계를 유지하고 협업할 기회를 제공한다.

그러나 이러한 디지털 혁명의 시대에 스마트 기기 사용에 익숙하지 않은 시니어 세대는 소외감을 느낄 수 있다. 직장 은퇴와 자녀 독립 등으로 인해 기존의 사회적, 가족적 유대관계가 약해지면서 시니어 세대는 외로움과 소외감에 쉽게 노출될 수 있다. 하지만 스스로 적극적인 자세를 가지고 주변의 도움을 받는다면, 디지털을 기반으로 하는 다양한 온라인 플랫폼을 통해 새로운 인맥을 만들고 활발히 교류할 수 있다. 이를 통해 시니어 세대는 그들의 풍부한 인생 경험과 지혜를 디지털 공간에서 공유하고, 새로운 세대와 소통하며 가치를 인정받을 수 있다.

더 나아가 인공지능(人工智能, Artificial Intelligence, AI) 기술을 활용한다면, 시니어 세대도 디지털 기반 활동에 더욱 적극적으로 참여할 수 있다. AI 기술은 시니어 세대가 디지털 도구를 더욱 쉽고 편리하게 사용할 수 있도록 도와준다. 이를 통해 그들은 온라인상에서 다른 세대와 활발히 소통하고 깊이 있는 대화를 나눌 수 있다. 이는 시니어 세대가 사회적으로 고립되지 않고 그들의 소중한 경험과 지식을 공유하며 의미 있는 관계를 유지할 수 있도록 해준다.

조금만 노력하고 AI와 디지털 기술의 도움을 받는다면 시니어 세대 또한 디지털 세상의 혜택을 누리며 즐겁고 보람찬 노후를 보낼 수 있을 것이다.

우리 책에서는 실버 세대(Silver Generation)를 시니어 세대(Senior Generation)로 명명하고 있다. 실버 세대의 네이버 국어사전에서의 뜻도 노년층을 이르는 말로, 시니어(Senior)의 영어 단어에서의 명사적 의미인 연장자, 손윗사람과 비슷하게 해석될 수 있다.

실버 세대의 정의에 대해 자세히 알아보면, 정지은, 고승근의 연구[1]에서 언급한 '실버 세대'는 현대 사회에서 새롭게 주목받고 있는 노년층을 지칭하는 용어이다. 이들은 단순히 나이 든 노인이 아니라 중년에서 노년으로 가는 과도기에 있는 중장년층을 포함한다. 실버 세대는 관점과 법규에 따라 여러 가지로 나타날 수 있지만 한국의 경우 「노인복지법」에서 65세 이상인 사람을 이야기하고 「고령자 고용 촉진에 관한 법률」에서는 55세 이상인 사람을 말한다. 「국민건강보험법」에서는 65세 이상인 사람을 노인으로 정의하고 있다.

과거와 달리 오늘날의 실버 세대는 더욱 독립적이고 능동적인 삶을 영위한다. 현대 과학 기술과 경제, 사회, 의료기술의 발전으로 인해 평균수명이 늘어났고, 이에 따라 노인 인구 또한 증가했다. 하지만 이들은 단순히 나이만 든 것이 아니라 사회활동에 대한 열망이 높고 경제력을 갖춘 고령자로서 사회의 주도적인 역할을 이어가고 있다.

---

1 정지은, 고승근(2024). 뉴 실버세대를 위한 주얼리 상품 마케팅 방안에 관한 연구, 산업융합연구, 2024.2.28.

시니어 세대와 디지털 세계의 연결

디지털 혁명이 사회 전반에 걸쳐 일상생활을 변화시키면서 우리는 기술이 인간의 소통 방식을 어떻게 변화시키고 있는지 목격하고 있다. 특히, 시니어 세대는 기술의 빠른 발전 속에서 너무나 소외되기 쉬운 위치에 있지만, 소셜 미디어 네트워크(SNS)와 AI는 이들이 디지털 시대에서 사회와 연결될 수 있는 다리 역할을 할 수 있다. 이 기술들은 외로움을 감소시키고 세대 간의 소통을 촉진하며 지속적인 학습과 지적 호기심을 충족시키는 중요한 수단이 되고 있다.

SNS(Social Network Service/Sites)에서의 유대감 강화

SNS는 특정한 관심이나 활동을 공유하는 사람들 사이의 관계망을 구축해 주는 온라인 서비스이다. 이러한 SNS는 시니어 세대에게 가족, 친구, 지역사회와 연결될 수 있는 플랫폼을 제공한다. 이를 통해 그들은 사회적 고립감을 극복하고, 새로운 관계를 형성하며 다양한 정보를 공유할 수 있다.

또한 AI 기술은 시니어 세대가 일상생활에서 겪는 어려움을 해결하는 데 도움을 줄 수 있다. 예를 들어, AI 기반 음성 비서는 복잡한 기기 조작 없이도 정보 검색, 일정 관리, 의사소통 등을 가능하게 한다.

더 나아가 이러한 기술은 시니어 세대의 지적 호기심을 충족시키고 평생 학습을 지원할 수 있다. 온라인 교육 플랫폼과 AI 튜터링 시스템은 그들이 새로운 지식과 기술을 습득할 기회를 제공한다. 이는 노년기의 인지 기능 유지와 향상에도 도움이 될 수 있다.

물론, 시니어 세대가 이러한 기술을 활용하기 위해서는 적절한 교육과 지원이 필요하다. 가족, 지역 사회, 정부 차원에서 그들이 디지털 리터러시를 갖출 수 있도록 돕는 것이 중요하다. 이를 통해 우리는 시니어 세대가 디지털 시대에 소외되지 않고 기술의 혜택을 누리며 활기찬 노년을 보낼 수 있도록 지원해야 한다.

 ## 4 경험과 지식의 세대 간 전달

시니어 세대는 자신들의 풍부한 경험을 SNS를 통해 젊은 세대와 공유함으로써 지식 전달자의 임무를 수행한다. 이러한 공유는 시니어 세대가 사회에서 계속해서 중요한 역할을 하며 자신들의 삶과 경험을 통해 가치를 창출할 수 있음을 보여준다.

이 과정에서 세대 간의 이해와 존중이 증진되며, 다양한 관점과 삶의 경험을 교환할 수 있는 풍부한 대화가 이루어진다. 이러한 교류를 통해 시니어 세대는 젊은이들에게 영향력을 미치고, 그들의 지식과 지혜가 계속해서 살아 숨 쉬고 있음을 확인함으로써 큰 뿌듯함을 느끼게 된다.

 ## 5 디지털 문해력과 AI 이해의 중요성

디지털 플랫폼을 사용하면서 발생할 수 있는 보안 문제, 개인정보 보호, 가짜뉴스와 같은 이슈들을 이해하고 올바르게 대처하는 방법을 배우는 것은 시니어 세대에게 매우 중요하다. 이러한 문제들에 대한 인식과 대응 능력은 디지털 시대를 살아가는 데 필수적인 요소이다. 디지털 리터러시(digital literacy)[2] 교육은 세대 간, 지역 간 기술 격차를 줄이는 데 필수적이며 이러한 교육은 시니어 세대가

---

2 디지털 리터러시(digital literacy) 또는 디지털 문해력은 디지털 플랫폼의 다양한 미디어를 접하면서 명확한 정보를 찾고, 평가하고, 조합하는 개인의 능력을 뜻한다(위키백과).

기술을 안전하고 효과적으로 사용할 수 있도록 돕는다. 이를 통해 모든 세대가 디지털 시대의 혜택을 동등하게 누릴 수 있게 된다.

디지털 시대의 SNS와 AI는 시니어 세대가 현대 사회와 연결되는 데 필수적인 도구가 된다. 이러한 기술들은 새로운 소통의 창구를 제공하고 그들이 적극적으로 사회적, 문화적 활동에 참여하도록 격려한다. 시니어 세대가 디지털 세계에서 활발하게 활동할 수 있도록 지원하는 것은 우리 모두의 책임이며, 이는 사회 전체의 건강과 활력에 기여한다.

CHAPTER 02

SNS와 시니어 세대의 만남

디지털 시대에 발맞추어 SNS를 활용하는 시니어 세대는 전통적인 커뮤니케이션 방식을 넘어서 새로운 형태의 상호작용을 경험하며 이는 그들의 사회적, 정서적, 심지어는 인지적 건강에 긍정적인 영향을 미친다. 디지털 시대에 발맞추어 SNS를 활용하는 시니어 세대는 전통적인 커뮤니케이션 방식을 넘어서 새로운 형태의 상호작용을 경험하며, 이는 그들의 사회적, 정서적, 심지어는 인지적 건강에 긍정적인 영향을 미친다. 예를 들어, 페이스북을 통해 옛 친구들과 재회하거나, 인스타그램에서 취미 활동을 공유하고, 유튜브로 관심 있는 주제의 영상을 시청하며 새로운 지식을 습득할 수 있다. 이러한 활동은 시니어들의 사회적 연결을 강화하고 지적 자극을 제공한다.

하지만 이와 동시에 개인정보의 보호와 안전한 사용 방법에 대한 교육이 필수적으로 수반되어야 하며 다양한 정보에서 오는 양극화가 초래하는 문제들을 인식하고 본인만의 객관적인 시각을 키우는 능력을 갖춰야 한다. 시니어 세대는 디지털 세계의 기회를 최대한 활용하면서도 그에 따른 위험 요소들을 효과적으로 관리할 수 있도록 지속적인 노력이 필요하다.

SNS 플랫폼 소개

(1) 페이스북(Facebook)	(2) 인스타그램(Instagram)

Meta Platforms, Inc.	Meta Platforms, Inc.
페이스북은 전 세계적으로 수억 명의 사용자를 보유하고 있으며, 다양한 연령층에 걸쳐 광범위한 사회적 네트워크를 제공한다. 사용자들은 상태 업데이트, 사진 공유, 그룹 활동 등을 통해 소통할 수 있으며, 비즈니스 페이지와 광고를 통한 마케팅 활동도 활발히 진행되고 있다. 페이스북은 모든 세대에게 친숙한 인터페이스와 커뮤니티 중심의 기능을 제공하여, 가족 및 친구와의 연결을 증진하는 데 큰 역할을 한다.	2012년 4월 메타(당시 페이스북)에 10억 달러에 인수된 인스타그램은 이미지와 비디오 중심의 콘텐츠를 강조하는 플랫폼으로, 특히 시각적 이야기를 통해 개인의 경험을 나누는 데 강점이 있다. 인스타그램은 사용자가 아름답게 꾸민 이미지나 동영상을 게시하고, 해시태그를 사용해 비슷한 관심사를 가진 사람들과 연결될 수 있다. '릴스(Reels)' 기능을 통해 짧은 동영상을 공유하는 방식은 틱톡의 영향을 받아 도입되었다.

(3) 유튜브(YouTube)	(4) 틱톡(TikTok)

Google LLC(알파벳 Inc.의 자회사)	ByteDance Ltd.
유튜브는 동영상 콘텐츠를 중심으로 한 세계 최대 규모의 비디오 플랫폼이다. 사용자는 자신의 채널을 만들어 개인적인 비디오를 업로드할 수 있으며, 뉴스, 교육, 엔터테인먼트 등 다양한 주제의 동영상을 시청할 수 있다. 유튜브는 '쇼츠(Shorts)'라는 짧은 비디오 섹션을 도입하여 경쟁력을 강화하고 있으며, 이 또한 틱톡의 짧은 형식의 동영상 인기에 영향을 받은 결과이다.	틱톡은 짧은 형식의 동영상을 중심으로 한 글로벌 비디오 공유 소셜 네트워킹 서비스이다. 사용자는 동영상을 촬영하거나 편집하여 공유할 수 있으며 스티커를 이용해 효과를 줄 수 있으며 촬영 후 다양한 이펙터 효과를 줄 수 있다. 댄스, 코미디, 교육 등 다양한 카테고리에서 창의적이고 유행을 선도하는 콘텐츠를 만날 수 있다. 틱톡의 강력한 알고리즘은 사용자의 취향과 행동을 분석하고, 개인화된 콘텐츠를 추천하여 매우 개인적인 사용자 경험을 제공한다. 아직 한국 서비스는 시작되지 않았으나 틱톡은 이커머스 플랫폼 '틱톡샵'을 운영 중이며, 틱톡샵은 창작자가 콘텐츠에 제품을 노출하면 틱톡 애플리케이션 내에 상품이 노출돼 구매로 이어지게 만든 서비스이다. 동남아시아 6개국을 비롯해 영국, 미국까지 8개국에서 서비스되고 있다.

시니어 세대에게 SNS는 자신의 새로운 면모를 개발하고 발견할 기회의 창구가 될 것이다. 온라인 커뮤니티를 통해 새로운 인맥을 쌓고, 평생 쌓아온 경험과 지혜를 자유롭게 공유할 수 있기 때문이다. 하지만 SNS 활용 측면에서 시니어 세대가 더욱 효과적으로 자신의 이야기를 전달하고 의미 있는 정보를 제공하기 위해서는 텍스트나 이미지 외에 다른 방식을 모색할 필요가 있다.

이때 영상 콘텐츠가 좋은 대안이 될 수 있다. 영상은 문자나 이미지보다 생동감 있고 직관적이어서 메시지를 더욱 쉽고 선명하게 전달할 수 있다. 시니어 세대가 SNS에서 영상 콘텐츠를 적극적으로 활용한다면 자신의 경험과 지혜를 디지털 이웃을 비롯하여 정보를 필요로 하는 사람들에게 더욱 효과적으로 내용을 공유할 수 있을 것이다.

따라서 시니어 세대가 SNS 활동의 수준을 높이기 위해서는 영상 제작 방법을 익히고 다양한 영상 콘텐츠를 기획, 제작해볼 필요가 있다. 이 과정에서 AI 기술을 활용하면 더욱 수월하고 효과적으로 영상을 만들 수 있다. 최신 AI 기술에는 영상 편집, 자동 자막 생성, 음성 합성 등 다양한 기능이 탑재되어 있기 때문이다. 시니어 세대도 AI의 도움을 받는다면 전문가 수준의 영상 콘텐츠를 손쉽게 제작할 수 있을 것이다. 이제부터 시니어 세대를 위한 AI 기반 영상 제작 방법들을 하나씩 알아보는 것은 어떨까?

CHAPTER 03

SNS 영상 제작(개념부터 제작까지: 매력적인 콘텐츠 제작에 있어서 AI의 역할)

1 영상 제작

영상을 제작하는 여러 가지 목적과 내용이 있을 수 있지만 만들어지는 형식과 내용에 따라 영상을 2가지 형태로 나눠 보면 브이로그(Vlog[3]) 형태의 동영상과 정보 공유 동영상으로 나눌 수 있다. 각각의 특징을 살펴보면 다음과 같다.

형식과 내용에 따른 영상의 분류

구분	영상의 형태	
	Vlog형 영상	정보공유 영상
주제	일상생활, 개인적인 이야기, 이벤트, 여행	뉴스 정보전달, 튜토리얼, 제품 리뷰 등
카메라 워크	개인 경험의 자연스럽고 실제적인 느낌을 전달하기 위한 휴대용 또는 최소 안정화	정보전달과 안정성을 위한 고정식 삼각대

---

3 동영상을 뜻하는 영어 단어 비디오(Video)와 로그(Log)의 합성어이다. Vlog의 어원 자체만 놓고 보면 '동영상으로 찍어서 인터넷에 올린 모든 것'이지만, Vlog라는 단어가 처음 생겨나고 전파될 때부터 '일상을 주제로 찍은 동영상'이라는 좁은 의미로 알려진 후 그대로 굳어졌다(나무위키).

편집 스타일	퀵컷(Quick cut),[4] 점프컷(Jump cut)[5] 등의 다이나믹한 스타일	상세한 그래픽, 주석 통합
내용 소개	캐주얼하고 대화하며 직접적인 참여	체계적이고 형식적이며 구조화된 대본
이야기 전개 스타일	개인적이고 스토리 중심적이며 개성을 반영함	정보 중심의 명확하고 정확한 내용을 전달함
참여	정서적 연결, 개인적인 이야기	통찰력, 솔루션, 상세한 분석을 통한 가치
참고 영상	유튜브: 휴지마리(QR)	유튜브: 서울리안(QR)

그리고 SNS에 업로드 할 영상을 기획할 때 고려해야 할 사항은 다양하다. 주요 내용을 요약해 보면 다음과 같다.

1. 플랫폼 특성 파악하기

2. 시청 대상 파악하기

3. 흥미로운 콘텐츠 주제 선정하기

4. 적절한 영상 길이와 포맷 결정하기

5. 시청자 시선 사로잡을 제목과 설명 작성하기

6. 관련 해시태그(#)[6]와 계정 멘션(@)[7]으로 노출 증대시키기

---

4 영상 특별한 전환 효과 없이 한 숏에서 다른 숏으로 이어지는 화면 전환 기법. 이렇게 숏을 연속적으로 빨리 이으면 화면과 화면 간의 연결 효과가 좋아진다.

5 영상 영화를 편집할 때, 관련성이 없는 두 개의 숏을 하나의 신 안에서 연속으로 이어 붙이는 기법이다.

6 해시태그(hashtag)는 인스타그램, 트위터 등 소셜 네트워크 서비스(SNS)에서 사용되는 메타데이터 태그로, 해시 기호(#) 뒤에 특정 단어를 쓰면 그 단어에 대한 글을 모아 분류해서 볼 수 있다(위키백과).

7 멘션(@)은 소셜 미디어에서 '@' 뒤에 사용자 이름을 붙여 쓰는 기능이다. 특정 사람을 대화에 초대하거나 언급할 때 사용한다. 예를 들어 '@시완 이 글 봐!'라고 쓰면, '시완'이라는 이름의 소셜 미디어 사용자에게 알림이 간다.

7. 구독자의 활동 시간대 고려한 전략적 업로드 일정 계획하기

8. 댓글 소통, 라이브 방송 등 시청자와의 상호작용 향상 전략 수립하기

기본적으로 SNS 영상 기획 시에는 고려사항 중 2, 3, 5번에 중점을 두고 영상을 만들어 보는 것이 좋다. 시청 대상을 파악하는 것은 가장 기본적이면서도 중요한 첫 단계이다. 누구를 대상으로 콘텐츠를 제작할지 명확히 해야 그들의 니즈와 관심사에 맞는 콘텐츠를 기획할 수 있다. 나이, 성별, 거주지역, 취미 등 다양한 요소를 고려하여 타겟층을 구체적으로 정의한다.

다음으로는 정의한 타겟층이 공감하고 흥미를 느낄 만한 주제를 선정해야 한다. 트렌드를 반영하되 남들과 차별화된 새로운 아이디어를 제시하는 것이 좋다. 타겟층의 고민과 욕구를 해결해줄 수 있는 실용적인 주제가 되면 금상첨화일 것이다.

마지막으로 타겟층의 이목을 사로잡을 제목과 설명을 작성해야 한다. 제목은 간결하면서도 매력적으로, 설명은 콘텐츠의 핵심을 잘 전달할 수 있도록 해야 한다. 잘 구상된 제목과 설명은 클릭률을 높이는 데 결정적 역할을 한다.

 기획 "AI야 부탁해~"

기획, 그 단어만으로도 벌써 대단한 것이 탄생할 것 같은 기대감이 묻어난다. 하지만 사실 대단한 건 없다. 대단한 건 아직 존재하지 않는 것을 만들어내는 과정 자체를 기획한다는 점이다. 그것이 바로 영상 창작자가 갖는 매력이자 가치이다. 하지만 다행히도 우리에게는 AI 기술이 있다. AI의 도움을 받아 부담 없이 기획에 도전하면 된다.

먼저 내가 만들려고 하는 SNS 영상 채널의 주요 시청자와 관심사를 확인하기 위해서 타깃 시청자층에 대한 면밀한 분석이 선행되어야 한다. 시청자들의 연령

대, 거주지역, 관심사, SNS 이용행태, 니즈 등을 파악하는 것이 중요하다.

또한, 흥미로운 콘텐츠 주제 선정을 위해 타깃층의 트렌드, 인기 채널과 경쟁 콘텐츠에 대한 벤치마킹, 생활/오락/교육 등 다양한 주제 아이디어를 온라인 설문, 리뷰 분석, 전문가 자문 등의 방식으로 수렴해야 한다.

SNS 영상 채널의 타깃 시청자층을 설정하기 위해, 페르소나를 구체화하거나 전문적인 조사를 진행할 수 있다. 하지만 먼저 친구에게 이야기하듯 자연스럽게 은퇴를 앞둔 시니어 세대의 최근 관심사와 흥밋거리를 살펴보는 것도 좋다. 앞서 배운 AI에게 은퇴를 앞둔 시니어 세대를 대상으로 한다면, 최근 그들이 궁금해하거나 흥미를 느끼고 있는 주제는 무엇일지에 대해 질문을 해보자.

영상 기획에 대한 챗GPT의 답변 내용

질문	"은퇴를 앞둔 시니어 세대를 대상으로 최근 궁금하거나 흥미로워하는 게 있다면 어떤 게 있을까?"
답변	은퇴를 앞둔 시니어 세대들은 다음과 같은 주제들에 관심이 많을 것으로 예상됩니다. 1. 재무/금융 설계 　• 은퇴 자금 마련 및 관리 방법 　• 연금, 투자, 세금 등 재무 전략 　• 주거 및 생활비 절감 방안 2. 건강 및 웰빙 　• 은퇴 후 건강관리 요령 　• 운동, 식단, 마음 가꾸기 등 건강한 생활 방식 　• 의료보험 및 노인성 질환 대비 3. 여가 생활 　• 취미활동 및 사회활동 소개 　• 재능기부, 봉사활동 등 의미 있는 활동 　• 국내외 여행지 소개 및 여행 꿀팁 4. 대인관계 및 사회생활 　• 가족, 친구, 지역 사회와의 원만한 관계 유지 　• 세대 차이 극복 및 세대공감 방법 　• 노년기 외로움, 우울증 극복 방안

5. 은퇴 후 새로운 인생 설계
- 인생 2막 새로운 꿈과 비전 찾기
- 새로운 기술, 지식 습득 방법
- 창업, 취미 사업화 등 새로운 도전

은퇴를 앞둔 시니어들은 경제적 준비뿐 아니라 건강, 여가, 대인관계, 자아실현 등 여러 방면에서 관심사가 많으므로 이에 맞는 폭넓은 주제를 다룬다면 높은 호응을 얻을 수 있을 것입니다.

1 윔지컬(Whimsical, https://whimsical.com)

그림 1 • 윔지컬 메인 화면

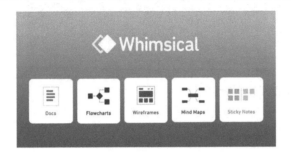

Whimsical은 아이디어를 시각화하고 구체화하는 데 탁월한 디지털 도구이다. 실시간 협업이 가능하며 다이어그램, 순서도, 와이어 프레임 등의 시각적 개체를 만들 수 있어 복잡한 개념이나 프로세스를 명확하게 전달할 수 있다. 특히 요소 간의 연결 관계나 상호작용을 보여주어야 하는 프로젝트에 있어서 Whimsical은 큰 강점을 발휘하는 AI 도구이다.

ChatGPT는 텍스트를 통해 정보를 제공하는 반면 Whimsical은 정보를 시각적으로 표시하므로 연결과 개념을 더 직관적으로 이해할 수 있다. 무료 사용자의 경우 보드를 3개까지만 활성화할 수 있고 협업 기능 등에 제한이 있지만 전반적인 사용에는 큰 문제가 없다.

그림 2 • 윔지컬 로그인 화면

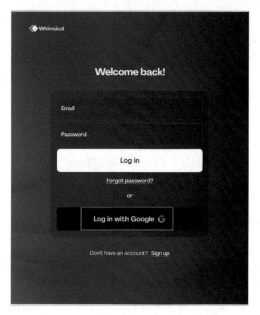

구글 아이디로 로그인한다.

그림 3 • 윔지컬 메뉴 화면

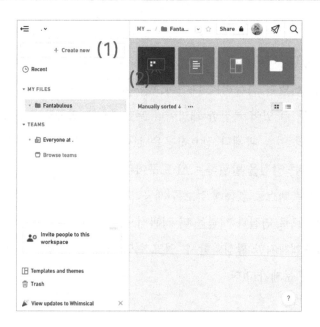

1. 왼쪽 상단의 "Create new(새로 만들기)"를 선택한다.
2. "보드 추가" 옵션을 선택하여 새 보드를 생성한다.

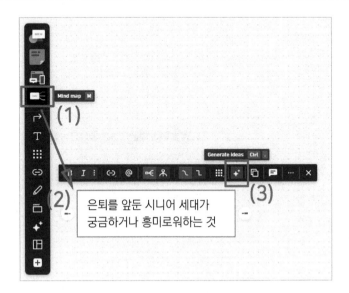

1. 보드를 활성화한 후, 마인드맵 아이콘을 마우스로 끌어다 놓아 섬네일을 생성한다.
2. 생성된 섬네일에 아이디어의 주제를 입력한다.
3. "Generate ideas" 아이콘(단축키: Ctrl + .)을 클릭한다.

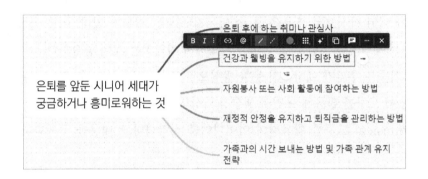

해당 주제와 관련된 확장된 아이디어들이 출력된다.

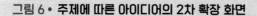

그림 6 • 주제에 따른 아이디어의 2차 확장 화면

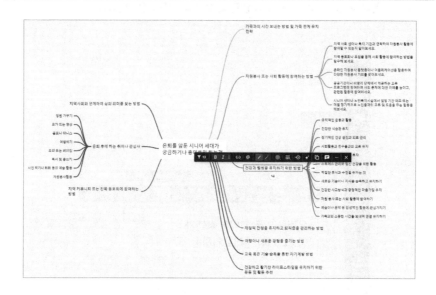

확장된 아이디어를 섬네일로 또 다른 아이디어를 출력할 수 있으며, 섬네일의 "Generate ideas" 아이콘이나 단축키(Ctrl + .)를 반복적으로 활용하면 해당 주제와 관련된 아이디어를 계속 추가로 생성할 수 있다.

Whimsical을 사용하여 콘텐츠를 구조화된 다이어그램으로 시각화하면 ChatGPT를 사용한 텍스트 기반 계획보다 프로젝트에 대한 포괄적인 보기가 가능하므로 이점을 얻을 수 있다.

AI 기술은 우리의 생산성을 높이는 데 큰 역할을 할 수 있다. 하지만 많은 분이 AI가 어떤 방식으로 도움을 줄 수 있는지 모르는 경우가 많다. 이를 극복하기 위해서는 최신 인공지능 기술 동향을 지속해서 파악하는 것이 중요하다.

AI 기술은 우리가 예상하지 못한 방식으로 도움을 줄 수 있다. 열린 마음으로 다양한 AI 도구를 활용해 보면서 생산성 향상의 기회를 만들어 가시기 바란다.

Whimsical 도구를 활용하여 아이디어를 시각화하고 내용을 구체화하였다.

이제 영상 제작을 위해 ChatGPT와 같은 대화형 AI 도구를 활용하여 대본을 작성해 보는 것이 좋을 것으로 보인다.

Whimsical 화면의 오른쪽 위에 종이비행기(Export) 모양의 그림이 있다. 아이콘을 누른 후 변화된 화면에서 Download를 하면 이미지(그림 8)로 저장할 수 있다. 유료사용자의 경우 워터마크가 없고 고해상도의 이미지와 배경이 투명한 이미지를 얻을 수 있다.

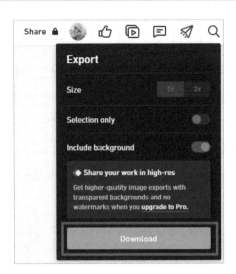

(1) 챗GPT로 영상 대본 만들기

챗GPT는 텍스트뿐만 아니라 이미지, 오디오, 비디오 등 다양한 형태의 데이터를 처리할 수 있는 멀티모달[8] AI 모델이다. 이를 활용하면 영상 대본 작업을 쉽고 빠르게 할 수 있다.

먼저 Whimsical을 이용해 대본에 필요한 이미지를 다운로드한다. 이후 챗GPT 메시지창에서 클립 모양을 클릭하고 '컴퓨터에서 업로드'를 선택하여 다운로드한 이미지를 업로드하고 인식시킨다.

그림 9 • 챗GPT에서 이미지 파일을 업로드하는 화면

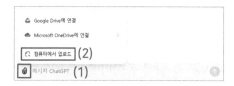

그림 10 • 이미지가 업로드된 챗GPT에 프롬프트를 넣는 화면

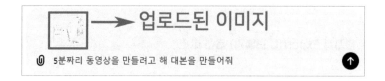

이미지 업로드가 완료되면 간단한 프롬프트를 작성한다. 예를 들어 "5분짜리 동영상을 만들려고 해. 대본을 만들어 줘."라고 입력하면 챗GPT가 업로드된 이미지를 분석하여 5분 분량의 동영상 대본을 생성해준다.

이처럼 챗GPT의 멀티모달 기능을 활용하면 원하는 내용과 분위기에 맞는 이미지를 선택하고 업로드하는 것만으로도 손쉽게 영상 대본을 완성할 수 있다.

---

8 멀티모달 모델(Multimodal Model)은 텍스트, 이미지, 오디오, 비디오 등 다양한 유형의 데이터(모달리티)를 함께 고려하여 서로의 관계성을 학습 및 처리하는 AI이다(나무위키).

챗GPT의 멀티모달 기능을 활용한 대본 작성

은퇴를 앞둔 선배들이 궁금해하거나 관심을 두는 내용을 시각적 콘텐츠로 기반으로 한 5분 온라인 비디오에 대한 자세한 스크립트는 다음과 같습니다. 이 스크립트에는 건강과 웰빙 유지, 자원봉사 또는 사회활동 참여, 은퇴 후 취미나 관심 분야 탐구에 관한 섹션이 포함됩니다.

비디오 스크립트: "황금의 기회: 은퇴에 대한 노인의 관심 탐색"
소개(30초): "안녕하세요 여러분! 오늘은 은퇴를 앞둔 노인들을 위한 탐색 여행에 들어갑니다. 어떻게 건강을 유지하고, 공동체 생활에 참여하며, 노후를 풍요롭게 하는 열정을 추구할 수 있는지 알아보겠습니다. 시작하다!"

섹션 1: 건강 및 웰빙 유지(1분 30초)
소개: "먼저, 은퇴 생활을 최대한 즐기기 위해 필수적인 건강과 웰빙을 유지하는 방법에 관해 이야기해 보겠습니다."
신체 활동: "규칙적인 신체 활동은 필수적입니다. 수영, 요가, 춤과 같이 재미있고 몸에 부담이 없는 가벼운 운동을 고려해 보세요."
정신 건강: "지성과 사회적 기술을 시험하는 퍼즐, 독서 클럽, 워크숍 참여 등의 활동을 통해 정신을 예리하게 유지하세요."
헬스 케어: "정기 검진으로 건강 상태를 유지하세요. 맞춤형 케어를 제공할 수 있는 노인 맞춤형 건강 프로그램에 대해 알아보세요."
영양: "영양이 핵심입니다. 노인을 위한 영양 요구 사항에 초점을 맞춘 워크숍이나 요리 강습에 참석하여 활력과 건강을 유지하는 데 도움을 주세요."

섹션 2: 자원봉사 및 사회활동(1분 30초)
소개: "이제 자원봉사를 통해 사회적으로 활발하게 활동하는 것이 어떻게 성취감과 재미를 제공할 수 있는지 살펴보겠습니다."
자원봉사: "지역 커뮤니티 센터, 도서관, 학교에서 자원봉사를 하면 도움을 받을 뿐만 아니라 연결도 유지됩니다. 지식과 삶의 경험을 다른 사람들과 공유할 수 있는 좋은 방법입니다."
사교 클럽: "귀하의 관심사에 맞는 클럽이나 그룹에 가입하세요. 정원 가꾸기 클럽, 여행 그룹, 기술 워크숍 등 사회적으로 활발하게 활동하면 삶의 질이 향상됩니다."

섹션 3: 퇴직 후 취미 및 관심사(1분 30초)
소개: "은퇴는 새로운 취미를 탐색하거나 오래된 취미를 다시 시작하기에 완벽한 시간입니다. 무엇을 할 수 있는지 살펴보겠습니다!"
창의 예술: "그림 그리기, 글쓰기, 음악을 배우세요. 지역 커뮤니티 센터에서는 시작하는 데 도움이 되는 수업을 제공하는 경우가 많습니다."
새로운 기술 배우기: "새로운 것을 배우기에 너무 늦을 때란 없습니다. 언어, 컴퓨터 기술, 심지어 요리 수업도 고려해 보세요."

여행: "여행은 시야를 넓힐 수 있습니다. 문화 체험, 휴식, 여가에 중점을 둔 노인 친화적인 여행 그룹을 찾아보세요."

결론(30초): "보시다시피, 은퇴는 최고의 삶을 살 수많은 기회를 열어줍니다. 이 동영상을 통해 은퇴의 모든 순간을 탐색하고, 배우고, 즐길 수 있기를 바랍니다. 가장 먼저 하고 싶은 활동은 무엇인가요? 시작하시겠습니까? 아래 댓글로 공유해 주세요!

"시청해주셔서 감사합니다! 이런 콘텐츠를 더 보려면 좋아요, 구독, 종 모양 아이콘을 클릭하는 것을 잊지 마세요. 활발하게 활동하고, 호기심을 갖고, 두 팔 벌려 은퇴를 맞이하세요!"

이 스크립트는 노인들에게 은퇴 기간을 최대한 활용할 수 있는 구체적인 아이디어와 동기를 제공하여 매력적이고 유익하며 영감을 주는 것을 목표로 합니다.

2 브루(Vrew)

그림 11 • 브루 로고

Vrew

Vrew는 AI의 능력이 집약된 혁신적인 영상 편집 도구이다. 이 도구는 사용자가 전문적인 품질의 영상을 쉽게 만들 수 있도록 돕는다. Vrew의 핵심 기능 중 하나는 음성 인식을 사용한 자동 자막 생성이다. 이 기능은 영상에 자막을 쉽게 추가할 수 있게 해준다. 또한, Vrew는 빠른 컷 편집 기능을 제공하여, 사용자가 영상의 특정 부분을 쉽게 찾아 편집할 수 있도록 돕는다. Vrew는 200종 이상의 AI 목소리를 제공하며 이를 활용해 사용자가 자신의 목소리를 녹음하지 않고도 영상을 만들 수 있다. 30분 녹음된 자신의 목소리만 있으면 그 목소리를 기반으로 AI 성우를 만들어준다. 또한, Vrew는 다양한 무료 소스를 제공하여 사용자가 상업적인 영상을 만들 때 저작권 걱정 없이 사용할 수 있다.

Vrew의 AI는 대본과 영상을 한 번에 만들어주는 텍스트로 비디오 만들기 기능도 제공한다. 이 기능은 사용자가 키워드만 입력하면 AI가 자동으로 영상을 만들어주는 놀라운 기능이다.

또한, Vrew는 무음 구간 줄이기 기능을 통해 영상 중간에 들어간 무음을 감지해서 클릭 한 번으로 삭제할 수 있다. 이 외에도 PDF로 비디오 만들기, 번역 자막 등의 다양하고 강력한 AI 기능을 제공한다. 이렇게 다양한 AI 기능을 통해 Vrew는 사용자가 쉽고 간편하게 전문적인 품질의 영상을 만들 수 있도록 돕는다. 스마트폰에서도 사용할 수 있지만 기능의 차이로 인해 PC에서의 사용을 추천한다.

Vrew 홈페이지(https://vrew.voyagerx.com/ko/)에 먼저 접속한다.

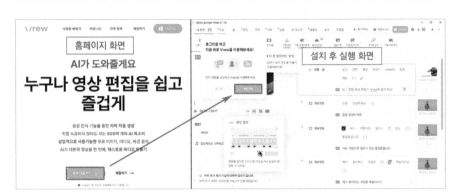

설치 프로그램을 다운로드한다. 맥OS, 윈도우OS 모두 설치할 수 있다. 설치 후 회원 가입을 하면 된다.

그림 13 • 브루의 새로 만들기 화면

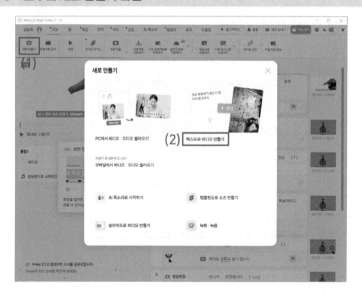

가입이 완료되셨다면 프로그램 메인 페이지 왼쪽 상단에 (1) '새로 만들기' 버튼이 있다. 이 버튼을 클릭하면 팝업창이 나타나는데, 여기서 (2) '텍스트로 비디오 만들기'를 선택해야 한다. 이 옵션은 미리 준비한 텍스트를 기반으로 영상을 제작할 때 사용한다.

그림 14 • 제작 영상의 화면 비율 선택 화면

화면 비율은 자신의 필요에 맞게 선택하면 되는데, 유튜브에서 주로 사용되는 16:9 비율이 대부분은 적합하다. 비디오 스타일은 다양한 옵션이 제공되므로, 각각의 스타일을 살펴보는 것이 좋다. 이는 추후 다른 영상을 편집할 때도 도움이 될 것이다. 처음 사용하는 경우라면 '스타일 없이 시작하기'를 선택한 후 '다음' 버튼을 누르는 것이 좋다.

그림 15 • 브루 영상 만들기 메뉴 화면

영상 만들기 페이지에서는 ChatGPT를 활용해 작성한 답변 내용을 대본에 입력한다. 이때 무료 플랜에서 사용할 수 있는 AI 목소리에 대한 안내 창이 나타난다. 만약 향후 영상 창작물을 자주 만들 계획이라면 유료 플랜 사용을 고려해 보는 것이 좋다.

주제에는 영상의 제목으로 사용할 내용을 입력하고 대본 내용을 꼼꼼히 검토하면서 필요한 부분은 추가하고 불필요한 부분은 삭제 또는 수정한다. 이 페이지에는 영상 제작에 도움이 되는 다양한 옵션들이 준비되어 있다.

(1) '주제' 부분에서는 GPT-3.5와 GPT-4 중 선택할 수 있는데, 무료 사용자는 GPT-3.5만 이용할 수 있으며, 유료 사용자는 GPT-3.5와 GPT-4 모두를 사용할 수 있다. '다시 쓰기' 기능을 활용하면 입력한 제목을 바탕으로 선택한 언어

모델(GPT-3.5 또는 GPT-4)이 영상 대본을 자동으로 작성해준다.

아래의 이미지에 있는 1부터 4까지 이어가면 영상이 출력된다.

1. 영상 만들기에서 완료 버튼을 누른다.

2. "작성한 대본으로 영상을 생성하시겠어요?"라는 메시지가 나타나면 확인을 누르면 이미지 생성이 시작된다.

3. 편집 화면에서 내보내기 버튼을 클릭한다.

4. 동영상 내보내기 창에서 내보내기를 선택하여 영상을 저장한다.

그림 16 • 브루 영상 출력 메뉴 설정 화면

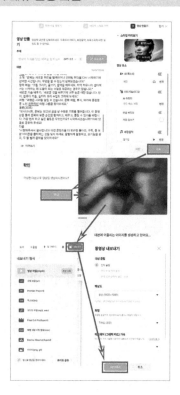

영상이 출력되었다. 하지만 결과물을 확인해보니 수정하고 싶은 부분이 있을 수 있다. 이때 다음의 내용을 참고하여 원하는 대로 영상을 편집하고 다시 출력하면 된다. 그러면 만족스러운 결과를 얻을 수 있을 것이다.

그림 17 • AI로 대본을 생성하는 화면

(1) '주제' 부분에서는 사용자 유형에 따라 선택할 수 있는 언어 모델이 다르
다. 무료 사용자는 GPT-3.5만 이용할 수 있지만, 유료 사용자는 GPT-3.5
와 GPT-4 중 원하는 모델을 고를 수 있다. '다시 쓰기' 기능을 활용하면 입
력한 제목을 바탕으로 선택된 언어 모델(GPT-3.5 또는 GPT-4)이 영상 대본
을 자동으로 작성해준다.

그림 18 • 브루의 목소리 메뉴 화면

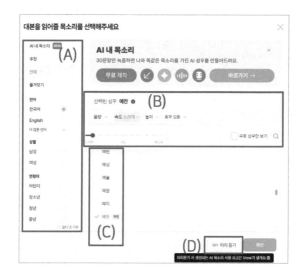

(2) 아래의 영상 요소에 적용된 스타일을 미리 확인하는 곳이다.

(3) AI 목소리 변경 버튼을 클릭하면 팝업창이 나타난다.

브루(Vrew)의 AI 목소리 선택 창은 사용자에게 다양한 옵션을 제공한다. (A) 부분에서는 AI 목소리의 카테고리를 선택할 수 있으며, 영어와 일본어를 포함한 여러 언어가 지원된다. 한국어 카테고리에서는 성별과 연령대에 따른 세부 카테고리를 선택할 수 있고, 선택된 카테고리에 해당하는 AI 성우의 이름이 (C) 부분에 나타난다.

(B) 부분에서는 선택된 성우의 음량, 말하는 속도, 목소리 음정의 높이, 그리고 공간 소리 등 특정 이펙터가 적용된 효과를 조절할 수 있다. (C) 부분에는 선택된 성우가 표시되며, 무료 플랜의 경우 사용 가능한 성우가 제한되어 있다. (D) 미리 듣기 버튼을 클릭하면 선택한 카테고리와 적용된 목소리 효과를 미리 들어볼 수 있다.

브루에서 사용되는 AI 목소리는 상업적으로 사용 가능하다는 점이 큰 장점이다. 저작권 문제에 민감한 디지털 콘텐츠 제작 환경에서 이는 매우 고무적인 소식이다.

　(4) 부분에서는 영상에 사용되는 AI로 생성된 이미지와 비디오의 스타일을 선택할 수 있다. 변경 버튼을 누르면 나타나는 팝업창에서 선택한 스타일이 실시간으로 어떻게 적용되는지 확인할 수 있다.

그림 19 • 생성되는 영상의 색상과 스타일 선택 화면

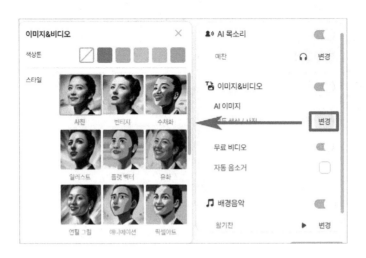

　(5) 부분에서는 AI로 창작되지 않은 실제 영상클립의 사용 여부를 선택할 수 있다. 온라인에서 직접 촬영하지 않은 영상이나 이미지를 사용하는 경우 저작권 문제가 발생할 수 있다. 하지만 브루에서 제공하는 이미지와 영상은 저작권 걱정 없이 안심하고 사용할 수 있다. 이는 콘텐츠 제작자들에게 큰 도움이 될 것이다.[9]

　(6) 배경음악의 장르를 선택하는 창도 제공되며, AI 이미지와 마찬가지로 팝업창에서 바로 미리 들을 수 있다.

영상 요소에서 원하는 영상과 음악의 스타일을 찾아 수정한 후 완료를 선택하

9　Vrew에서 제공하는 무료 이미지와 영상의 저작권 내용 – https://vrew.imweb.me/faq/?q
=YToyOntzOjEyOiJrZXl3b3JkX3R5cGUiO3M6MzoiYWxsIjtzOjc6ImtleXdvcmQiO3
M6OToi7KCA7J6R6raMIjt9&bmode=view&idx=14116484&t=board

면, 작성한 내용으로 영상을 생성할 것인지 확인하는 메시지가 나타난다. 완료를 선택하면 "대본에 어울리는 이미지를 생성하고 있어요….''라는 문구와 함께 영상 제작이 시작된다.

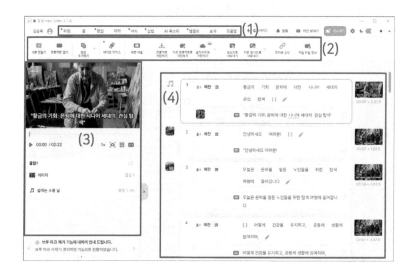

Vrew의 편집 화면은 매우 독특하게 구성되어 있다. 다른 프로그램들과 달리, Vrew는 대본을 기준으로 영상 편집이 이루어진다. 이는 인공지능을 활용하여 내용에 맞는 영상이나 이미지를 선택하거나 생성하기 때문이다. 이러한 점이 기존의 영상 편집 프로그램과 차별화되는 Vrew의 가장 큰 특징이라고 할 수 있다. 기존 영상 편집 프로그램에 익숙한 사용자에게는 다소 낯선 모습으로 보일 수 있다.

화면을 설명하자면, (1)과 (2)는 메뉴 화면이다. (3)은 미리 보기 화면으로 편집된 내용을 확인할 수 있다. (4)는 편집 화면이며, (4) 편집 화면의 한 줄 한 줄을 클립이라고 부른다.

그림 21 • 브루 타임라인 부분 편집 화면

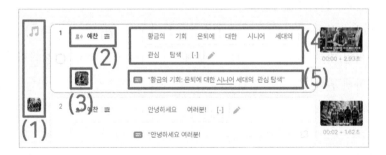

(1) 2개 이상의 클립에 적용되는 미디어에 대한 아이콘이다. 음표 아이콘을 선택하면 해당 메뉴가 나타나며 여기서 배경음악의 적용 범위를 지정하거나 볼륨을 조절할 수 있고 페이드인/아웃 효과를 설정할 수 있다. 적용 범위는 동그라미 부분을 조정하여 음악이 전체 클립에서 차지하는 비중을 설정할 수 있다.

그림 22 • 적용 범위 설정 화면

배경음악을 삭제하고 다른 음악으로 교체하려면 음표 아이콘을 누른 후 삭제를 선택한다. 그다음 Vrew의 메인 편집 페이지 메뉴에서(그림 20) 삽입 → 배경음악을 선택하고 클립 오른쪽에 나타나는 배경음악 메뉴에서 원하는 새로운 음악을 선택한 후 삽입하기를 눌러 적용하면 된다.

(2) '텍스트를 넣어 영상 만들기' 단계에서 선택된 AI 목소리를 변경할 수 있

다. 클립별로 새로운 목소리를 적용할 수 있으며 목소리를 변경한 후에는 약간의 처리 시간이 소요된다.

(3) 미디어가 한 클립에만 해당하면 아이콘이 클립 안쪽에 위치한다. 반면 (1) 번처럼 미디어가 2개 이상의 클립에 적용되는 경우 아이콘은 클립 밖에 위치하게 된다. (3)의 클립을 선택한 후 화살표 모양의 적용 범위를 조정하여 2개의 클립에 미디어를 적용하였다.

그림 23 • 효과 적용 범위 설정 화면

영상이나 이미지를 다른 내용으로 변경하려면 미디어 아이콘을 선택하여 나오는 메뉴에서 '교체'를 선택한다. '다른 이미지 또는 비디오 교체하기' 메뉴의 '설정'을 선택하면 이미지의 색상 톤이나 스타일을 선택할 수 있다. 검색창에 원하는 내용을 입력하면 관련 결과가 출력되며, 출력된 클립 중에서 원하는 클립을 선택하면 된다.

그림 24 • 교체할 이미지의 스타일과 색상 선택 화면

(4) 영상의 목소리에 해당하는 텍스트이다. 이 부분을 수정하면 동영상의 AI 목소리가 수정된 내용으로 변경된다. 예를 들어, 스마트폰에서 촬영한 영상을 가져와 말소리를 분석하여 텍스트로 변환한 경우, 텍스트를 수정하면 영상도 함께 편집된다. 이는 다른 영상 편집기에서는 찾아볼 수 없는 매우 강력한 기능이다.

(5) 화면에 보이는 것은 텍스트 편집 화면이다. 텍스트를 생성하여 AI 목소리를 선택해 가져온 경우, AI 목소리와 화면에 표시되는 텍스트가 같다. 그러나 스마트폰에서 촬영한 영상을 입력하여 인공지능으로 텍스트를 변환한 경우, 주변 소음이나 인식 오류로 인해 텍스트가 잘못 가져와질 수 있다. 이런 경우에는 이 부분을 수정하면 된다.

그림 25 • 텍스트에 맞게 AI 목소리 내용과 이미지가 변화되는 화면

클립을 나누거나 합칠 때 한 개의 클립에 텍스트가 너무 많거나 내용이 다른 경우에는 클립을 두 개로 나누어야 한다. 아래의 빨간 막대 위치에 마우스를 가져다 놓고 클릭하면 파란색 커서가 나타난다. 이 상태에서 엔터키를 누르면 클립이 두 개로 나뉜다. 반대로 백스페이스키를 누르면 다시 한 개의 클립으로 합쳐진다.

그림 26 • 텍스트 기반 영상 편집 화면 1

기존의 클립 사이에 새로운 클립을 추가할 때는 클립과 클립 사이에 마우스를 가져가면 클립 추가 옵션이 나타난다.

그림 27 • 텍스트 기반 영상 편집 화면 2

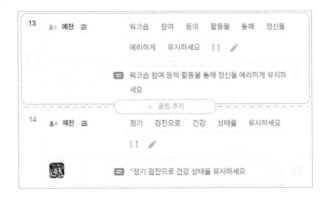

클립 추가를 선택하면 AI 목소리 클립, 빈 클립, 이미지 클립/비디오 클립을 추가할 수 있다. AI 목소리 클립을 선택하면 새로운 텍스트를 입력하여 클립을 추가할 수 있다. 빈 클립을 선택하면 5초 동안 검은 화면의 클립이 삽입된다.

그림 28 • 클립을 추가하면 나타나는 화면

이미지 클립과 비디오 클립은 동일한 화면이 나타난다. 검색 기능을 통해 원하는 클립을 찾을 수 있으며 드롭다운 메뉴에서 이미지나 영상을 선택할 수 있다.

그림 29 • 이미지 검색에서 '건강검진'을 넣은 결과 화면

영상의 내용과 관련된 모든 부분을 수정한 후에 영상을 추출하게 된다. 오른쪽 상단의 '내보내기' 버튼을 선택하면 영상 파일(MP4)로 출력할 수 있다. 그 밖에도 다른 영상 프로그램의 편집 파일 형식으로 저장하거나 오디오 파일 등을 저장할 수 있다.

그림 30 • 영상 내보내기 파일 형식 화면

그림 31 • 영상 내보내기 설정 화면

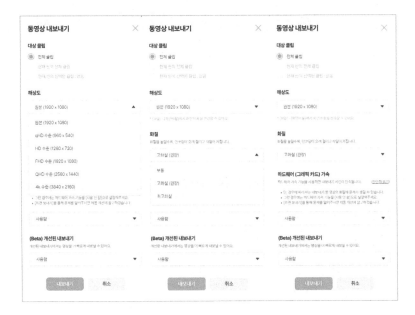

MP4를 선택하면 동영상 내보내기 메뉴에서 전체 클립을 선택하고, 해상도는 원본에 맞게 출력하면 된다. 필요에 따라 낮은 화질을 선택할 수도 있다. 화질은 고화질(권장)을 선택하고 특별한 사유가 없는 경우 하드웨어 가속과 개선된 내보내기 옵션을 사용함으로 설정하여 출력하면 된다.

CHAPTER

04

온라인에 나의 기록을 남기자!

강력한 AI 기능을 지원하는 Vrew를 비롯한 다양한 도구들을 활용하여 온라인 소통을 위한 수단을 마련했다. 이러한 도구들은 우리가 더 쉽고 효과적으로 정보를 공유하고 감정을 표현할 수 있도록 돕는다. Vrew를 사용하여 원하는 영상을 성공적으로 제작할 수 있게 되었고 이제 기본적인 사용법에 익숙해졌다면 필요한 기능을 하나씩 탐색해 보는 것이 좋다.

AI의 도움으로 기존의 영상 편집 작업이 더욱 편리해졌다. 동영상 촬영부터 자막 추가까지 일반적인 편집 과정이 훨씬 수월해졌다. 이는 챗GPT Whimsical Vrew 등의 인공지능 도구를 통해 가능해진 것이다. 이러한 도구들을 활용함으로써 우리는 직접적인 정보를 얻고 감정적인 유대감을 형성할 수 있게 되었다.

온라인에서 자신의 존재를 알리고 친구들과 소통하기 위해 영상을 만드는 과정은 처음에는 낯설고 어려울 수 있다. 하지만 이는 단지 시작점에 불과하다. 영상을 통해 공감대를 형성하고 누군가에게 도움이 되는 소중한 자료를 공유한다면 정서적 교감을 나누며 즐거운 온라인 생활을 할 수 있다. 이는 우리가 인공지능 기술과 온라인 소통의 세계로 첫발을 내디딘 것을 의미한다.

새로운 AI 도구들이 계속해서 등장하고 있으므로 최신 정보를 놓치지 않는 것이 중요하다. 우리는 이러한 변화에 적극적으로 대응하고 기술을 올바르게 활용하여 더 나은 세상을 만들어가야 한다. 앞으로도 호기심을 갖고 새로운 것에 도전하며 온라인에서 의미 있는 관계를 만들어 갈 수 있을 것이다.

어떤 프로그램이 어떤 일을 하는지 이해하고 직접 사용해 보는 것이 가장 중요하다. 이는 단순히 기술을 습득하는 것을 넘어 그 기술을 우리의 삶에 어떻게 적용할 수 있는지를 깨닫는 과정이다. AI 도구들은 우리의 창의성을 확장하고 더 효율적으로 작업할 수 있게 해주지만 결국 그것을 활용하는 것은 우리 자신이다.

앞으로 더 많은 AI 기술이 등장하고 우리의 온라인 소통 방식은 계속해서 진화할 것이다. 이는 단순히 기술의 발전만을 의미하는 것이 아니라 우리의 소통 방식과 관계 형성 방식의 변화를 의미한다. 우리는 이러한 변화 속에서 인간적인 가치를 잃지 않고 오히려 기술을 통해 더 깊고 의미 있는 관계를 만들어갈 수 있어야 한다.

AI 기술의 발전은 우리에게 새로운 가능성을 열어주지만 동시에 새로운 책임도 부여한다. 우리는 이 기술을 어떻게 사용할 것인지 어떤 목적으로 활용할 것인지를 신중히 고민해야 한다. 온라인 소통에서도 마찬가지다. 우리는 기술을 통해 더 많은 사람들과 연결될 수 있지만 그 연결이 진정성 있고 의미 있는 것이 되도록 노력해야 한다.

결국 AI 기술과 온라인 소통의 세계는 우리에게 도구를 제공할 뿐이다. 그 도구를 어떻게 활용하여 더 나은 세상을 만들어갈지는 우리의 몫이다. 우리는 계속해서 학습하고 적응하며 창의적으로 이 도구들을 활용해 나가야 한다. 이를 통해 우리는 더 풍부하고 의미 있는 온라인 경험을 만들어갈 수 있을 것이다.

AI와 함께 쓰는 나의 이야기: 과거, 현재, 그리고 미래

나의 삶을 돌아보다:
AI와 함께하는 회고록 작성

AI 기술의 발전은 우리의 삶을 다양한 방식으로 변화시키고 있다. 특히 시니어들에게 AI는 과거를 돌아보고 현재를 이해하며 미래를 계획하는 데 큰 도움이 될 수 있다.

AI를 활용한 회고록 작성의 장점은 다음과 같다.

1. **기억의 보존과 정리**: AI는 우리의 기억을 보존하고 정리하는 데 도움을 준다. 예를 들어, 음성 인식 기술을 사용하여 구술한 내용을 텍스트로 변환할 수 있어 글쓰기가 어려운 시니어들도 쉽게 자신의 이야기를 기록할 수 있다.

2. **맥락 제공**: AI는 역사적 사건, 시대적 배경 등에 대한 정보를 제공하여 개인의 경험을 더 넓은 맥락에서 이해할 수 있게 해준다.

3. **질문 생성**: AI 챗봇은 사용자의 이야기를 기반으로 관련 질문을 생성하여 더 깊이 있는 회고와 성찰을 할 수 있도록 돕는다.

4. **감정 분석**: AI의 감정 분석 기능을 통해 자신의 경험에 대한 감정적 반응을 더 잘 이해할 수 있다.

AI를 활용한 회고록 작성 방법은 다음과 같다.

1. **AI 음성 인식 도구 활용**: 스마트폰이나 태블릿의 음성 메모 앱을 사용하여 자신의 이야기를 녹음한다. AI 음성 인식 기술이 이를 텍스트로 변환해 준다.

2. **AI와의 대화**: 챗GPT와 같은 AI 챗봇을 활용하여 자신의 경험에 대해 이야기하고, 추가적인 질문에 답하면서 회고를 진행한다.

3. **AI 기반 글쓰기 도구 사용**: Grammarly나 Hemingway App과 같은 AI 기

반 글쓰기 도구를 사용하여 문장을 다듬고 더 명확하게 표현한다.

4. **AI 이미지 생성 도구 활용**: DALL-E나 Midjourney와 같은 AI 이미지 생성 도구를 사용하여 기억 속의 장면을 시각화한다.

예시) 회고록 작성: "나는 1950년대 서울에서 태어났다. AI에게 그 시대의 서울에 대해 물어보니, 한국전쟁 직후의 어려운 시기였다고 한다. 그 시절 우리 가족의 생활은 정말 힘들었다. 하지만 AI가 제공한 당시의 사진들을 보니, 그 속에서도 사람들의 얼굴에 희망이 있었다는 것을 알 수 있었다."

이러한 방식으로 AI를 활용하면 단순히 과거를 회상하는 것을 넘어 자신의 삶을 더 깊이 이해하고 새로운 의미를 발견할 수 있다. AI는 우리의 기억을 돕고 새로운 관점을 제시하며 우리의 이야기를 더욱 풍성하게 만들어준다.

AI를 활용한 회고록 작성은 시니어들에게 여러 가지 이점을 제공한다.

1. **인지 기능 향상**: 과거를 회상하고 정리하는 과정은 인지 기능을 자극하고 유지하는 데 도움이 된다.

2. **정서적 안정**: 자신의 삶을 돌아보고 의미를 찾는 과정은 정서적 안정과 만족감을 줄 수 있다.

3. **세대 간 소통**: 작성된 회고록은 가족과 후손들에게 귀중한 유산이 되어 세대 간 이해와 소통을 증진시킬 수 있다.

4. **디지털 리터러시 향상**: AI 도구를 사용하는 과정에서 디지털 기술에 대한 이해와 활용 능력이 향상된다.

AI를 활용한 글쓰기가 개성을 잃게 하는 것이 아니라 오히려 자신의 잠재력을 더 많이 구현할 수 있게 해준다고 주장하는 사람도 있다. AI는 도구일 뿐이며 그 도구를 어떻게 활용하느냐에 따라 결과가 달라진다는 것이다.

AI와 함께하는 회고록 작성은 시니어들에게 새로운 도전이자 기회가 될 수 있다. 이를 통해 자신의 삶을 새롭게 바라보고 과거와 현재, 그리고 미래를 연결하는 소중한 경험을 할 수 있을 것이다.

CHAPTER 02

현재의 나를 재발견하기: AI로 분석하는 나의 정체성

AI 기술은 우리가 자신을 이해하는 새로운 방법을 제공한다. 특히 시니어들에게 AI는 현재의 자신을 재발견하고 정체성을 분석하는 데 유용한 도구가 될 수 있다. AI를 활용한 자아 분석의 장점은 다음과 같다.

1. **객관적 데이터 제공**: AI는 우리의 행동, 선호도, 습관 등에 대한 객관적인 데이터를 수집하고 분석할 수 있다.
2. **패턴 인식**: AI는 우리가 인식하지 못했던 행동 패턴이나 특징을 발견할 수 있다.
3. **다각적 분석**: AI는 다양한 측면(성격, 관심사, 능력 등)에서 우리를 분석할 수 있다.
4. **맞춤형 제안**: 분석 결과를 바탕으로 개인에게 맞는 활동이나 개선점을 제안할 수 있다.

AI를 활용한 자아 분석 방법은 다음과 같다.

1. **AI 기반 성격 검사**: Big Five 성격 검사와 같은 AI 기반 성격 검사를 통해 자신의 성격 특성을 파악한다.
2. **소셜 미디어 분석**: AI 툴을 사용하여 자신의 소셜 미디어 활동을 분석하고 관심사와 소통 패턴을 파악한다.
3. **일상 활동 추적**: 스마트워치나 휴대폰 앱을 통해 일상 활동을 추적하고, AI가 이를 분석하여 생활 패턴과 건강 상태를 파악한다.

4. AI 챗봇과의 대화: AI 챗봇과의 대화를 통해 자신의 생각과 감정을 표현하고, AI의 분석을 받는다.

AI를 통해 자아 분석을 하기 위해 AI에게 다음과 같이 질문해볼 수 있다.
질문 예시) "지금까지의 대화를 토대로 내가 모르는 나에 대해서 이야기해 주세요." / "지금까지의 대화를 토대로, 저의 성격과 장점, 단점을 파악하고 나의 자아를 분석해주세요."

이러한 질문들을 통해 나의 몰랐던 면을 발견하고, 자아 분석을 할 수 있다. "AI 답변을 토대로, 나는 높은 개방성과 성실성을 가진 것으로 나타났다. 소셜 미디어 분석에서는 여행과 요리에 대한 높은 관심이 드러났고 일상 활동 추적 결과 규칙적인 운동 습관이 있다는 것을 알게 되었다. AI 챗봇과의 대화에서는 내가 새로운 경험을 즐기지만 동시에 안정을 추구한다는 점을 발견했다."

AI를 활용한 자아 분석은 시니어들에게 다음과 같은 이점을 제공한다.
1. **자기 이해 증진:** 객관적인 데이터를 통해 자신을 더 깊이 이해할 수 있다.
2. **변화의 동기 부여:** 분석 결과를 바탕으로 자기 개선의 동기를 얻을 수 있다.
3. **건강 관리:** 생활 패턴과 건강 상태 분석을 통해 더 나은 건강 관리가 가능하다.
4. **새로운 가능성 발견:** 자신의 강점과 관심사를 파악하여 새로운 활동이나 취미를 발견할 수 있다.

한국의 사례를 살펴보면, 서울시 50플러스 재단에서 운영하는 '디지털 시니어' 프로그램이 있다. 이 프로그램은 시니어들이 AI 기술을 활용하여 자신의 정체성을 재발견하고 새로운 삶의 방향을 찾을 수 있도록 돕고 있다. 프로그램에 참여한 김영희(75세) 씨는 "AI 분석을 통해 내가 모르던 나의 모습을 발견했어요. 이를 통해 새로운 취미와 활동을 시작하게 되었죠."라고 말한다(서울시 50플러스 재단 공식 웹사이트, https://50plus.or.kr/).

일본의 경우, 'e-Life' 프로젝트를 통해 시니어들의 디지털 활용을 돕고 있다. 이 프로젝트의 일환으로 AI를 활용한 자아 분석 프로그램을 운영하고 있으며 많은 시니어들이 이를 통해 자신의 새로운 모습을 발견하고 있다. 프로젝트 관리자인 야마다 타로는 "AI 기술은 시니어들이 자신을 새롭게 이해하고 더 풍요로운 삶을 살 수 있도록 돕는 중요한 도구입니다."라고 말한다(e-Life 프로젝트 공식 보고서, 2023).

AI를 활용한 자아 분석은 시니어들에게 자신을 새롭게 바라볼 수 있는 기회를 제공한다. 이를 통해 현재의 자신을 더 잘 이해하고 더 풍요로운 삶을 살아갈 수 있는 방향을 찾을 수 있을 것이다.

우리의 이야기:
AI로 연결되는 세대 간 대화

AI 기술은 세대 간 소통과 이해를 증진시키는 데 중요한 역할을 할 수 있다. 특히 시니어와 젊은 세대 간의 대화를 촉진하고 서로의 경험과 지식을 공유하는 데 AI가 큰 도움이 될 수 있다.

AI를 활용한 세대 간 대화의 장점은 다음과 같다.
1. **언어 장벽 해소**: AI 번역 기술을 통해 서로 다른 세대가 사용하는 언어나 표현의 차이를 극복할 수 있다.
2. **공통 관심사 발견**: AI 추천 시스템을 통해 서로 다른 세대가 공유할 수 있는 주제나 활동을 찾을 수 있다.
3. **경험 공유 촉진**: AI 기반 스토리텔링 도구를 활용하여 각 세대의 경험을 더 풍부하고 흥미롭게 공유할 수 있다.
4. **지식 격차 해소**: AI 검색 엔진을 통해 서로의 지식 격차를 즉시 해소하며 대화를 이어갈 수 있다.

AI를 활용한 세대 간 대화 방법은 다음과 같다.
1. **AI 기반 대화 플랫폼 활용**: 세대 간 대화를 위한 AI 기반 플랫폼을 활용하여 서로의 관심사와 경험을 공유한다.
2. **가상 현실(VR) 체험**: AI와 VR 기술을 결합하여 서로 다른 세대의 경험을 간접적으로 체험한다.
3. **AI 챗봇 중재**: AI 챗봇을 대화 중재자로 활용하여 세대 간 대화를 촉진하고

이해를 돕는다.

4. 디지털 타임캡슐 제작: AI 기술을 활용하여 각 세대의 경험과 기억을 디지털 타임캡슐로 제작하고 공유한다.

세대 간 대화를 이끌어나가기 위해 AI 기반 대화 플랫폼을 사용하거나, 나의 어린시절 놀이를 현 세대의 손자와 즐겁게 할 수 있는 방법을 물어볼 수 있다. 또한 요즘 유행하는 문화나 놀이를 교육적으로 풀어나가는 방법에 대해 AI에게 질문하고 소통의 방법을 배울 수도 있다.

예시) 세대 간 대화: "할아버지와 손자가 AI 기반 대화 플랫폼을 통해 대화를 나눈다. 할아버지가 어린 시절 경험한 놀이에 대해 이야기하자, AI는 이를 현대의 비디오 게임과 연결지어 설명한다. 손자는 VR을 통해 할아버지의 어린 시절 놀이를 간접 체험하며, 세대 간의 경험을 공유한다."

AI를 활용한 세대 간 대화는 다음과 같은 이점을 제공한다.

1. 상호 이해 증진: 서로 다른 세대의 경험과 가치관을 이해할 수 있다.
2. 지식 전수: 시니어의 경험과 지혜를 젊은 세대에게 효과적으로 전달할 수 있다.
3. 디지털 리터러시 향상: 시니어들이 AI 기술을 활용하며 디지털 능력을 향상시킬 수 있다.
4. 세대 통합: 세대 간 소통을 통해 사회적 통합과 연대를 강화할 수 있다.

한국의 사례를 살펴보면, 서울시에서 운영하는 '세대 공감 AI 토크' 프로그램이 있다. 이 프로그램은 AI 기술을 활용하여 시니어와 청년 세대가 서로의 경험과 생각을 공유하는 장을 마련하고 있다. 프로그램에 참여한 박지훈(68세) 씨는 "AI의 도움으로 손주와 더 깊은 대화를 나눌 수 있게 되었어요. 서로의 세계를 이해하는 데 큰 도움이 되었죠."라고 말한다(서울시 공식 보도자료, 2023).

일본에서는 'AI 세대 브릿지' 프로젝트를 통해 세대 간 소통을 돕고 있다. 이 프로젝트는 AI 기술을 활용하여 시니어들의 경험과 지혜를 젊은 세대에게 전달하는 플랫폼을 제공한다. 프로젝트 참여자인 사토 유키(72세)는 "AI 덕분에 젊은 이들과 소통하는 새로운 방법을 배웠어요. 우리의 경험이 그들에게 도움이 된다는 것이 정말 기쁩니다."라고 전한다(AI 세대 브릿지 프로젝트 공식 웹사이트, 2023).

AI를 활용한 세대 간 대화는 시니어들에게 새로운 소통의 기회를 제공한다. 이를 통해 세대 간의 벽을 허물고 서로의 경험과 지혜를 공유하며 더 풍요로운 사회를 만들어갈 수 있을 것이다.

CHAPTER 04

미래를 그리다: AI와 함께 꿈꾸는 나의 내일

AI 기술은 우리가 미래를 상상하고 계획하는 방식을 혁신적으로 변화시키고 있다. 특히 시니어들에게 AI는 새로운 가능성을 제시하고, 더 나은 미래를 설계하는 데 도움을 줄 수 있다.

AI를 활용한 미래 계획의 장점은 다음과 같다.

1. **데이터 기반 예측**: AI는 개인의 과거와 현재 데이터를 분석하여 미래에 대한 더 정확한 예측을 제공할 수 있다.

2. **맞춤형 제안**: 개인의 관심사, 능력, 건강 상태 등을 고려하여 맞춤형 미래 계획을 제안할 수 있다.

3. **시나리오 시뮬레이션**: 다양한 미래 시나리오를 시뮬레이션하여 더 나은 의사결정을 할 수 있도록 돕는다.

4. **지속적인 조정**: 환경 변화나 개인의 상황 변화에 따라 미래 계획을 지속적으로 조정하고 개선할 수 있다.

AI를 활용한 미래 계획 방법은 다음과 같다.

1. **AI 기반 경력 설계**: AI가 개인의 skills, 관심사, 시장 동향을 분석하여 새로운 경력 기회를 제안한다.

2. **건강 예측 및 관리**: AI가 건강 데이터를 분석하여 미래의 건강 상태를 예측하고, 이에 따른 관리 계획을 수립한다.

3. **재무 계획**: AI가 개인의 재무 상황과 목표를 분석하여 최적의 재무 계획을

제안한다.

4. **라이프스타일 설계**: AI가 개인의 선호도와 생활 패턴을 분석하여 이상적인 라이프스타일을 제안한다.

AI를 통해 미래 설계를 하기 위해 AI에게 다음과 같이 질문해볼 수 있다.
질문 예시) "지금까지의 대화를 통해 나의 관심사를 분석하고, 그에 따라 100세 시대에 맞는 미래계획을 세워주세요."

이러한 질문을 통해 나의 미래를 이렇게 계획해볼 수 있다. "AI 분석 결과, 나의 건강 상태와 관심사를 고려할 때 은퇴 후 시니어 요가 강사로 활동하는 것이 적합할 것으로 예측되었다. AI는 이를 위한 단계별 계획을 제시하고, 필요한 교육 과정과 자격증 취득 방법을 안내해주었다. 또한, 이 새로운 경력이 나의 재무 상황과 건강에 미칠 영향을 시뮬레이션하여 보여주었다."

AI를 활용한 미래 계획은 시니어들에게 다음과 같은 이점을 제공한다.

1. **새로운 가능성 발견**: AI는 시니어들이 미처 생각하지 못했던 새로운 기회와 가능성을 제시할 수 있다.
2. **불확실성 감소**: 데이터 기반의 예측과 시뮬레이션을 통해 미래에 대한 불확실성을 줄일 수 있다.
3. **동기 부여**: 구체적이고 실현 가능한 미래 계획은 시니어들에게 새로운 도전의 동기를 부여할 수 있다.
4. **삶의 질 향상**: 개인에게 최적화된 미래 계획을 통해 더 나은 삶의 질을 추구할 수 있다.

한국의 사례를 살펴보면, 국민연금공단에서 운영하는 'AI 은퇴설계' 서비스가 있다. 이 서비스는 개인의 재무 상황, 건강 상태, 관심사 등을 AI로 분석하여 맞춤형 은퇴 계획을 제안한다. 서비스를 이용한 이상훈(62세) 씨는 "AI의 분석 결과를 보고 놀랐어요. 제가 미처 생각하지 못했던 새로운 가능성을 발견했죠. 이를 바탕으로 더 구체적인 은퇴 계획을 세울 수 있었습니다."라고 말한다(국민연금공단 공식 웹사이트, 2023).

일본에서는 'AI 라이프 플래너' 앱이 인기를 끌고 있다. 이 앱은 사용자의 일상 활동, 건강 데이터, 재무 정보 등을 분석하여 개인화된 미래 계획을 제안한다. 앱 사용자인 타나카 히로시(70세)는 "AI의 제안을 통해 새로운 취미를 발견하고, 건강 관리 방법을 개선할 수 있었어요. 미래에 대한 불안감이 줄어들었죠."라고 전한다(AI 라이프 플래너 공식 보도자료, 2023).

AI와 함께 미래를 계획하는 구체적인 예시와 실천 방법을 살펴보면 다음과 같다.

1. **평생 학습 계획:** AI는 개인의 관심사와 학습 능력을 분석하여 맞춤형 평생 학습 계획을 수립할 수 있다. 예를 들어, 언어 학습에 관심이 있는 시니어에게 AI는 연령대에 맞는 효과적인 언어 학습 방법과 커리큘럼을 제안할 수 있다.

   서울시 50플러스재단의 'AI 학습 코치' 프로그램을 활용한 김영호(68세) 씨는 다음과 같이 말한다: "AI가 제안한 스페인어 학습 계획을 따라 공부하니, 6개월 만에 기초 회화가 가능해졌어요. 젊은 시절부터 꿈꿔왔던 스페인 여행을 곧 떠날 예정입니다(서울시 50플러스재단 성공사례집, 2023)."

2. **건강한 노후 설계:** AI는 개인의 의료 기록, 유전 정보, 생활 습관 등을 분석하여 건강한 노후를 위한 맞춤형 계획을 제시할 수 있다. 이는 식단 조절, 운동 계획, 정기 검진 일정 등을 포함한다.

   국민건강보험공단의 'AI 헬스 가이드' 서비스를 이용한 박미영(72세) 씨는 이렇게 말한다: "AI가 제안한 건강 관리 계획을 따르면서 혈압이 정상 범위로 낮아졌어요. 약 복용량도 줄일 수 있었죠. 몸이 훨씬 가벼워진 것 같아요(국민건강보험공단 보도자료, 2023)."

3. **사회 공헌 활동 계획:** AI는 개인의 경험, 기술, 관심사를 분석하여 의미 있는 사회 공헌 활동을 제안할 수 있다. 예를 들어, 교직 경험이 있는 시니어에게

AI는 지역 사회의 교육 봉사 활동을 추천할 수 있다.

한국자원봉사센터협회의 'AI 봉사 매칭' 시스템을 통해 활동 중인 이정숙(65세) 씨는 다음과 같이 전한다. "AI가 제 경력을 분석해 추천해준 청소년 멘토링 프로그램에 참여하고 있어요. 제 경험을 나누면서 보람을 느끼고, 젊은 세대와 소통하는 즐거움도 있답니다(한국자원봉사센터협회 뉴스레터, 2023)."

4. 취미 개발 계획: AI는 개인의 성향과 흥미를 분석하여 새로운 취미 활동을 제안하고, 이를 발전시키기 위한 단계별 계획을 수립할 수 있다.

문화체육관광부의 'AI 문화생활 추천' 서비스를 이용한 최재훈(70세) 씨는 이렇게 말한다: "AI가 추천해준 수채화 그리기를 시작했어요. 단계별 학습 계획을 따라 그림 실력이 많이 늘었죠. 이제는 지역 미술 동호회에서 활동하고 있답니다(문화체육관광부 보도자료, 2023)."

5. 디지털 유산 계획: AI는 개인의 디지털 자산을 분석하고 정리하여 미래 세대에게 남길 디지털 유산을 체계적으로 준비할 수 있도록 돕는다.

한국정보화진흥원의 'AI 디지털 유산 관리' 프로그램을 활용한 정민수(75세) 씨는 다음과 같이 말한다. "평생 모은 디지털 사진과 문서들을 AI의 도움으로 정리했어요. 가족들에게 물려줄 디지털 앨범도 만들었죠. 제 삶의 흔적을 정리하면서 많은 추억을 되새길 수 있었어요(한국정보화진흥원 사례집, 2023)."

이러한 AI 기반의 미래 계획은 시니어들에게 새로운 삶의 방향성을 제시하고 더 풍요롭고 의미 있는 노후를 준비할 수 있게 해준다. 그러나 AI의 제안은 어디까지나 참고사항일 뿐, 최종 결정은 개인이 내려야 한다는 점을 명심해야 한다.

AI와 함께 미래를 그리는 과정은 단순히 계획을 세우는 것을 넘어 자신의 삶을 새롭게 바라보고 재설계하는 기회가 될 수 있다. 이는 시니어들에게 새로운 도전의식과 삶의 활력을 불어넣어 줄 수 있다.

결론적으로, AI는 시니어들이 자신의 미래를 더욱 체계적이고 창의적으로 계획할 수 있도록 도와준다. 이를 통해 시니어들은 불확실한 미래에 대한 두려움을 줄이고, 새로운 가능성에 대한 기대와 희망을 가질 수 있다. AI와 함께 그리는 미래는 시니어들에게 더 나은 삶, 더 풍요로운 노후를 약속할 수 있을 것이다.

이두리 작가는 자신의 글에서 이렇게 말한다. "나는 앞으로 AI와 어떤 관계로 함께 갈 수 있을까? 나는 AI와 맺을 수 있는 관계 3가지 그룹을 생각해 본다. 첫 번째 그룹은 AI의 지식과 기능을 계속 발전시켜 나가는 그룹이다. 구글, 오픈AI, MS, 네이버 같은 그룹이다. 두 번째는 그런 그룹들이 개발한 상품을 일상(개인) 또는 일(회사)에 이용하여 덕(효과)을 보는 그룹이다. 그리고 나머지 하나는 개인(회사)이 AI를 자기의 분야에서 쉽고 재미있게, 경제적으로 이용할 수 있도록 중간 다리 역할의 제품을 개발하는 그룹이다(브런치 스토리, https://brunch.co.kr/@jhmisy)."

이 말은 시니어들에게도 적용될 수 있다. 시니어들은 AI를 단순히 수동적으로 사용하는 것을 넘어 AI와 함께 새로운 가치를 창출하고 자신의 경험과 지혜를 AI와 결합하여 더 나은 미래를 만들어갈 수 있다. 이것이 바로 AI 시대의 시니어들이 가질 수 있는 새로운 역할이자 도전일 것이다.

부록

시니어 세대를 위한
AI 영상의 세계

---

1 QR 코드 소개

AI가 만든 놀라운 영상들에 대해 알아보려고 합니다. 그 전에 먼저, 이 책에서 자주 보게 될 'QR 코드'에 대해 설명하고자 합니다.

1 QR 코드란 무엇인가?

QR 코드는 '빠른 응답'을 뜻하는 'Quick Response'의 줄임말입니다. 네모난 바코드처럼 생긴 이 그림에는 웹사이트 주소나 다양한 정보가 담겨 있습니다.

일반적인 QR 코드의 모습

2 QR 코드의 사용법

QR 코드를 사용하는 방법은 생각보다 쉬워요. 다음 단계를 따라해 보세요.

1. 스마트폰을 켜세요.
2. 스마트폰의 카메라 앱을 실행하세요.
3. 카메라로 QR 코드를 비추세요. 마치 사진을 찍듯이 QR 코드가 화면에 잘 보이게 하세요.
4. 잠시 기다리면 화면 위에 링크나 메시지가 나타납니다.
5. 그 링크를 손가락으로 터치하세요.
6. 연결된 웹페이지가 열리고 영상이 재생됩니다!

QR 코드를 스캔하는 모습

3 주의사항

- 어떤 스마트폰에서는 설정에서 'QR 코드 스캔' 기능을 켜야 할 수도 있어요.
- 인터넷 연결이 되어 있어야 영상을 볼 수 있답니다.
- QR 코드가 잘 인식되지 않는다면, 밝은 곳에서 다시 시도해 보세요.

이제 다음에 소개되는 흥미로운 AI 영상들을 직접 감상하실 수 있을 거예요. 각 영상 설명 옆에 있는 QR 코드를 스캔해 보세요!

2 AI 영화의 세계

1 2024 부천국제판타스틱영화제 AI 영화 부문

올해 부천에서는 AI가 만든 영화들을 소개했어요. 그중에서 두 작품이 특히 주목받았습니다.

(1) 최고의 AI 영화상: "할머니들은 어디로 떠난 걸까?"

• 감독: 레오

• 어린아이의 눈으로 본 할머니의 이야기예요.

• 할머니들이 우리 삶에서 '사라지면' 어떻게 되는지를 독특하고 감성적으로
  표현했답니다.

(2) 기술상과 관객상: "폭설"

• 감독: 배준원 (한국)

• 눈이 많이 내리는 모습을 AI로 아름답게 표현했어요.

• 기술적인 면에서 뛰어나고 관객들의 호평을 받았습니다.

2 두바이 국제 AI 영화제 대상: "One More Pumpkin"

• 2024년 3월 4일, 제1회 두바이 국제 AI 영화제에서 대상을 받았어요.

• 한국의 '권한슬' 감독이 만든 작품으로, 대상과 관객상을 동시에 받았습니다.

• 모든 장면과 소리를 AI로 만들었고, 단 5일 만에 완성했대요.

• 총 500여 편의 작품 중에서 최고로 선정되었습니다.

3 런웨이 국제 AI 영화제 대상: "Get Me Out"

• 2023년 5월 3일, 제2회 런웨이 AI 영화제에서 대상을 받았어요.

• 감독: Daniel Antebi

• 실제 영상과 AI 영상을 섞어서 만든 6분 34초 길이의 작품이에요.

• 불안한 마음을 괴물로 표현한 독특한 영화랍니다.

• 1등 상금으로 150만 달러(약 2천만 원)를 받았어요.

• 3,000여 개의 작품이 출품될 정도로 인기 있는 영화제였답니다.

3 AI 광고의 세계

1 2023년 코카콜라 광고 "Masterpiece"

- 코카콜라 병이 예술 작품으로 변하는 신기한 광고예요.
- '스테이블 디퓨전'이라는 AI 기술을 사용했답니다.
- 유명한 예술 작품들이 코카콜라 병 모양으로 재탄생하는 모습을 보여줍니다.

2 2024년 롯데 신년 광고

- 제목: "2024년, 당신의 태양은 새롭게 경이롭게"
- 새해 인사를 담은 광고인데, 모든 것을 AI로 만들었어요.
- 글씨부터 영상, 음악, 목소리까지 전부 AI 작품이랍니다.
- 국내 최초로 생성형 AI만으로 만든 광고랍니다.

4 AI 음악 영상

1 임영웅의 "Home" 뮤직비디오

- 가수 임영웅의 노래에 AI가 만든 영상을 붙였어요.
- 노래 가사를 표현하는 아름다운 장면들이 나와요.
- AI를 활용해 만든 특별한 뮤직 애니메이션입니다.

2 한국 가곡 콘서트 "환대"

- 2023년 6월 롯데콘서트홀에서 열린 특별한 공연이에요.
- 한국의 옛날 모습을 AI로 만든 영상과 함께 공연했어요.
- 한국 근대사의 역사적 시련과 극복과정을 AI 영상으로 표현했습니다.
- 과거와 현재를 이어주는 특별한 무대였답니다.
- 국내 최초로 생성 AI 영상과 음악이 만나는 공연이었어요.

⑤ 마무리

여러분, 어떠셨나요? AI 기술이 정말 빠르게 발전하고 있어서 새로 나오는 영상일수록 더욱 놀랍고 실감나게 만들어지고 있어요. 이렇게 AI가 만든 영상들이 우리 생활 곳곳에서 사용되고 있답니다. 영화, 광고, 음악 비디오 등 다양한 분야에서 AI가 활용되고 있어요.

특히 주목할 점은 인공지능 영상에 관한 기술이 하루가 다르게 기하급수적으로 발전하고 있다는 거예요. 그래서 최근에 나온 영상일수록 완성도가 훨씬 높답니다! 앞으로 어떤 멋진 작품들이 나올지 정말 기대되지 않나요?

이 책에 있는 QR 코드를 스마트폰으로 찍어보시면, 직접 이 놀라운 AI 영상들을 감상하실 수 있어요. 한번 시도해 보세요! 새로운 기술의 세계를 경험하는 즐거움을 느끼실 수 있을 거예요.

에필로그

AI의 시대가 도래하면서 우리의 삶은 큰 변화를 맞이하고 있다. 이 책은 AI의 기본 개념과 원리, 그리고 AI를 활용하는 구체적인 방법을 소개하며 특히 시니어들이 AI 시대에 어떻게 리더로서 역할을 할 수 있는지에 대해 다루고 있다. AI는 단순한 기술 혁신을 넘어 우리의 생활을 더욱 풍요롭게 만들 수 있는 도구이므로 우리는 이제 AI 시대의 주역이 될 준비를 해야 한다.

AI 리더로서의 역할은 다양하다. 먼저, 평생 학습의 모범이 되어야 한다. 새로운 AI 기술과 지식을 끊임없이 배우고 이를 실생활에 적용하는 모습을 보여주는 것이 중요하다. 또한, 경험과 지혜의 전달자로서 자신의 경험과 AI 지식을 바탕으로 젊은 세대나 다른 시니어들을 멘토링하는 역할을 할 수 있다. 윤리적 리더십도 중요하다. AI 기술이 윤리적으로 사용되도록 하는 데 앞장서야 하며 AI를 활용한 환경 보호, 건강 관리, 교육 개선 등의 활동을 지원해야 한다.

AI 시대에는 혁신과 창의성의 촉진자로서의 역할도 필요하다. AI 기술을 활용한 창의적인 프로젝트를 기획하고 실행하며 예술, 음악, 글쓰기 등 다양한 분야에서 AI를 활용하여 새로운 작품을 창작할 수 있다. 마지막으로 공동체의 리더로서 AI 기술이 모든 사람에게 혜택을 줄 수 있도록 노력해야 한다. 디지털 격차를 줄이고 모든 세대가 AI 기술에 접근할 수 있도록 돕는 것이 중요하다.

AI를 활용하는 데 있어 자신감을 갖는 것도 중요하다. 작은 목표를 설정하고 성취해 나가며 지속적인 실습과 경험을 쌓아야 한다. 긍정적인 태도와 도전 정신을 가지고 다른 시니어들과 함께 학습하고 경험을 공유하는 것이 도움이 될 수 있다.

AI 시대는 시니어들에게도 무한한 가능성과 기회를 제공한다. AI를 통해 개인 맞춤형 건강 관리, 조기 진단, 원격 진료 등의 혜택을 누릴 수 있으며 AI 기반의 소셜 네트워크와 커뮤니케이션 도구를 통해 가족과 친구들과 더 쉽게 소통할 수 있다. 또한 스마트 홈 기술과 AI 비서의 도움으로 일상 생활에서 더 많은 편리함을 누릴 수 있다.

시니어들은 AI 시대에서 성장하고 발전할 수 있다. AI 기술을 배우고 활용함으로써 디지털 역량을 강화할 수 있으며 이는 새로운 취미나 직업을 찾는 데도 큰 도움이 된다. AI는 시니어들이 예술, 음악, 글쓰기 등 창의적인 활동을 통해 자신을 표현할 수 있는 새로운 방법을 제공하며 이는 정신적 자극과 만족감을 가져다준다.

AI 시대에는 지속적인 학습이 필수적이다. 새로운 것에 대한 호기심을 유지하고 배우는 것을 즐기는 마음가짐이 중요하다. 체계적인 학습 계획을 세우고 단계적으로 목표를 달성해 나가는 것이 효과적이다. 도전은 성장을 위한 필수 요소이다. 따라서 실패를 두려워하지 말고 이를 통해 배우고 성장하는 기회로 삼아야 한다.

브런치 스토리의 이두리 작가는 자신의 AI 학습 경험을 통해 AI와 친해지는 과정을 공유하고 있다. 그는 "아는 만큼 질문할 수 있고 질문한 만큼 답을 찾을 수 있다"고 말하며 AI에 대한 관심과 호기심의 중요성을 강조한다. 그는 또한 AI를 활용한 글쓰기 경험을 공유하며, AI를 도구로 활용하여 자신의 생각과 아이디어를 표현하는 방법을 설명한다.

이두리 작가는 "나는 GPT, 인공지능의 대표 프로그램을 이용해 글을 쓰고 있습니다. 그 이유는 두 가지입니다. 첫째, GPT는 글을 매우 빠르고 잘 씁니다. 내가 어떤 이야기를 하고 싶다고 말하면, GPT는 바로 글을 작성해 줍니다. 나 혼자서는 이렇게 빠르고 완성도 높은 글을 쓸 수 없습니다. 둘째, 인공지능에 대한 책을 쓰면서, 직접 GPT를 사용해 보며 그 유용성을 체험하고 싶었습니다(브런치 스토리, https://brunch.co.kr/@jhmisy)."

그는 AI를 활용한 글쓰기가 개성을 잃게 하는 것이 아니라고 말한다. 오히려 자신의 잠재력을 더 많이 구현할 수 있게 해준다고 주장한다. AI는 도구일 뿐이며 그 도구를 어떻게 활용하느냐에 따라 결과가 달라진다는 것이다.

결론적으로, AI 시대는 우리에게 무한한 가능성과 기회를 제공하고 있다. 우리의 경험과 지혜는 이 시대의 중요한 자산이며 지속적인 학습과 도전을 통해 우리는 더 나은 미래를 만들어 나갈 수 있다. AI 리더십의 길을 함께 걸어나가며 밝은 미래를 향해 나아가는 것이 우리의 과제이다. AI는 우리의 삶을 더욱 풍요롭게 만들 수 있는 도구이며 우리는 이를 적극적으로 활용하여 더 나은 세상을 만들어 갈 수 있다.

저자 약력

유채린

AI 교육의 선도자 유채린은 'Core AI 연구소' 대표이자 '한국 AI 마케팅 연구소'의 교육이사로, AI와 경제 교육을 융합하여 모든 세대가 AI의 혜택을 쉽게 누릴 수 있도록 돕는 것을 목표로 하고 있다. 디지털 융합교육원 경기북부지회장으로 활동하면서 실질적 경험을 전파하고 있으며, 기획재정부 지정 경제교육센터 경기지역 강사로서 전 세대를 아우르는 폭넓은 강의 경험을 토대로 경제와 AI의 변화를 이해하고 이를 일상에 접목할 수 있는 방법을 지도해왔다. 또한, AINFT협회의 이사 및 사무총장으로서 AI 산업과 문화의 성장을 도모하고 있으며, AI 지도자 과정의 지도교수로서 미래의 AI 리더를 양성하는 데 주력하고 있다.

이러한 경험을 토대로 AI 시대에 대한 통찰력은 시니어들에게 더욱 쉽게 AI를 이해시키는 교과서를 집필하게 된 중요한 배경이 되었다. 그녀는 "모든 세대가 AI를 통해 새로운 기회를 발견하고 디지털 세계에서 소외되지 않아야 한다."는 확고한 신념을 가지고 있으며, 이를 실천에 옮기기 위해 이 책의 집필에 참여했다. AI와 경제의 기초부터 실생활에서의 활용 방법까지, 복잡하고 빠르게 변화하는 기술을 시니어들에게 친근하고 쉽게 전달하고자 노력했다. 시니어들이 일상 속에서 AI를 실질적으로 활용할 수 있는 도구와 사례를 풍부하게 제공하여 독자들이 디지털 시대에 주체적인 역할을 찾을 수 있도록 돕는다.

또한 다양한 강연과 교육 프로그램을 통해 시니어들이 AI 기술을 더 깊이 이해하고, 기술 발전에 따른 사회적 변화에 대응할 수 있도록 돕고 있다. 이 책은 시니어들이 디지털 환경에서 자립심을 키울 수 있도록 돕는 강력한 지원책이 될 것이다. 특히, AI 기술이 단순히 젊은 세대만의 것이 아닌, 시니어 세대에도 가치 있는 도구임을 강조하며, 누구나 디지털 세계에서 소외되지 않고 자신의 경험과 지혜를 공유할 수 있는 환경을 만들고자 한다.

그동안 2024 출산장려 AI 노래 만들기 최우수상, 2024 인공지능 콘텐츠 강사경진대회 최우수상, 2023 AI 아트 시화 공모전 우수상 등 다양한 수상 경력을 통해 AI 분야에서의 공로를 인정받아왔다. 이러한 성과는 AI 교육자로서의 전문성과 열정을 증명하는 한편, 많은 사람들이 AI 시대를 살아가는 데 필요한 길잡이가 되기 위해 꾸준히 노력해왔음을 보여준다. 이 책이 시니어들이 AI와 함께 새로운 배움의 즐거움을 경험하고, 디지털 사회에서 의미 있는 소통과 성취를 이루는 데 큰 도움이 되기를 바란다.

김승욱

음악과 영상, AI 기술을 연결하는 다재다능한 전문가로서, 전주대학교와 상명대학교에서 각각 음악과 컴퓨터음악을 전공하고, 공주대학교에서 게임디자인 박사 과정을 수료했다. Studio A-Min과 Play-Photo의 대표, 해냄솔루션의 사운드 디렉터로 활동하며 음악과 영상, 상업 사진 분야에서 깊은 경험을 쌓았고, 현재는 HABIMUSIC Studio의 음악 감독으로 광고, 게임, 드라마 등 다양한 콘텐츠의 음악 제작을 담당하고 있다.

광운대학교 정보과학교육원에 출강하여 AI 기반 미디어 창작에 주력하고 있으며, AI 기술을 콘텐츠 제작과 교육에 접목해 시니어들이 디지털 환경에서도 쉽게 접근할 수 있는 방법을 모색하고 있다. 저자는 특히 빠르게 변화하는 기술을 시니어들이 부담 없이 이해하고 활용할 수 있도록 돕기 위해 다양한 특강과 집필 활동을 통해 AI의 실질적 활용 방법을 공유하고 있다. 이 책이 시니어들에게 AI 시대의 새로운 가능성을 열어주고, 디지털 사회에서 주체적인 역할을 찾는 데 실질적인 도움이 되기를 바란다.

이재현

AI리더십센터의 원장으로서 AI 시대에 필요한 리더십 연구와 교육에 힘쓰고 있다. 대림기술(주)와 (주)휴맥컨설팅그룹에서 대표이사를 역임하며 경영과 기술 컨설팅 분야에서 탁월한 전문성을 쌓아왔으며, 이를 바탕으로 교육과 리더십 연구에 대한 깊이 있는 통찰을 제공하고 있다. 울산과학대학교 디지털기계학과에서 겸임교수로 재직하며 후학 양성에도 기여하였고, AI와 전통 철학의 융합을 통해 새로운 리더십 모델을 제시하는 데 관심을 갖고 있다. 저서로는 퇴계 철학과 AI 시대의 리더십이 있으며, 이를 통해 전통 철학과 AI가 함께하는 현대 리더십의 새로운 길을 모색하고 있다.

특히 시니어들이 AI 시대에 적응하고 능동적으로 리더십을 발휘할 수 있도록 돕는 것을 목표로 하고 있으며, 이 책이 시니어들에게 AI를 친근하고 유용하게 활용할 수 있는 실질적 가이드가 되기를 추천하고 있다. AI 기술이 일상 속에서 실질적으로 어떻게 활용될 수 있는지 알려주고, AI 시대에도 시니어들이 중심적인 역할을 수행할 수 있도록 이끌어주는 본서가 세대 간 지혜와 경험을 이어주는 소중한 안내서가 될 것이라 기대한다.

진연자

경기 율정중학교의 수석교사로, 과학 교과에서 교육 혁신을 선도하며 시니어와 청소년 세대를 위한 AI 교육에 열정을 기울여왔다. 현직 AIEDAP 마스터 교원으로서 인공지능과 에듀테크의 융합을 연구하고, 교실 혁신을 위한 선도적인 역할을 맡고 있다. 하이러닝 지원단 및 터치교사단 3기로 활동하며, 교육현장에서 실질적인 기술 지원과 교육 변화를 이끌고 있다. 또한, 한국교육학술정보원에서 에듀테크와 인공지능을 활용한 수업 강의를 통해 시니어들이 AI 기술을 친숙하게 접하고 효과적으로 활용할 수 있는 방안을 제시한다.

경기LEAD교사단과 과학교육 정책실행 연구회 회장으로서 교사와 학생, 나아가 시니어 세대까지 아우르는 AI 교육의 확산에 기여하고 있으며, 교육 현장 경험을 바탕으로 시니어들이 디지털 시대에 자신감을 가지고 AI를 이해하고 활용할 수 있도록 돕는 데 힘쓰고 있다.

2021 올해의 과학교사상 수상자로서 그 역량을 인정받았으며, 2022 개정교육과

정 연구진으로 참여해 과학과 교육과정과 평가기준 개발에 공헌하였다. 시니어들이 AI를 일상 속에서 친근하고 유용하게 활용하도록 돕는 이 책이 앞으로도 더 많은 이들에게 의미 있는 가이드가 되기를 기대한다.

정구은

디지털융합교육원의 지도교수로서 인공지능 융합 교육의 발전에 힘써왔으며, AI 멘토스 전문연구원으로서 연구와 개발에도 활발히 참여해왔다. 또한, AI 캠프 전문강사로서 실습 중심의 강의를 통해 학습자들이 AI를 쉽게 이해하고 활용할 수 있도록 돕고 있다. 이러한 교육과 연구 경험을 바탕으로 시니어들이 AI를 실생활에서 쉽게 접하고 활용할 수 있도록 이 책의 집필에 참여했다.

AI가 시니어들에게 단순한 기술 이상의 의미 있는 도구가 되기를 바라며, 이 책을 통해 시니어들이 AI 시대에 주체적으로 참여하고 새로운 배움의 기쁨을 느낄 수 있기를 추천한다.

김유경

한국ChatGPT·AI 강사교육협회 협회장으로서 AI와 ChatGPT 교육의 확산에 앞장서고 있으며, 충남대학교 평생교육원 교수와 한국외식산업컨설턴트협회 이사로서 폭넓은 교육 및 컨설팅 경험을 쌓아왔다. 위아평생교육원 전문교수이자 WIA 국제자격시험 출제위원으로서 전문성을 바탕으로 AI 교육을 더욱 체계적으로 발전시키고 있다. 또한, 고경력과학기술인연합회에서 ChatGPT 강사로 활동하며 시니어들이 AI를 쉽게 이해하고 실생활에서 활용할 수 있도록 돕고 있다.

인공지능융합학회, AI작가협회 이사로서 AI 분야의 다양한 역할을 수행하고 있는 저자는 이 책을 통해 시니어들이 디지털 사회에서 의미 있는 역할을 찾고, AI를 활용해 자신감을 가지고 새로운 배움과 소통을 즐길 수 있도록 지원하고자 한다. AI 교과서가 시니어들의 디지털 전환을 돕는 든든한 길잡이가 되기를 기대하며 이 책을 추천한다.

배미주

미래교육융합교육원의 대표이자 극동대학교 외래교수로, 교육과 AI 융합 분야에서 선도적인 역할을 해왔다. 디지털융합교육원의 지도교수로서 디지털 전환에 대한 깊은 통찰을 바탕으로 시니어들이 AI를 쉽게 이해하고 활용할 수 있도록 돕고 있다. 또한, 한국AI예술협회 수석부회장으로서 AI 기술이 예술과 창의성에 미치는 영향을 연구하며, 시니어들이 디지털 시대에 자신의 목소리와 경험을 표현할 수 있는 기회를 제공하고자 한다.

행정안전부 지방자치인재개발연수원의 디지털 강사로서 쌓은 경험을 통해 시니어 독자들이 AI를 친근하고 유용한 도구로 받아들일 수 있도록 돕는 본서에 기여했다. 저자는 이 책이 시니어들이 AI를 통해 새로운 배움과 소통의 기쁨을 찾고, 디지털 사회에서 주체적으로 참여할 수 있는 길잡이가 되기를 기대한다.

정동완

교육전문가 봉사단체인 '오늘과 내일의 학교'의 회장으로서 2,000회 이상의 전국 강연과 캠프 운영을 통해 교육 현장에서 풍부한 경험을 쌓아왔다. 또한 AI 기반 진로진학 컨설팅 프로그램인 'My Best'를 개발하며, 빅데이터와 디지털 콘텐츠 분야에서 전문성을 발휘하고 있다. 'AI 동화작가' 및 'AI 과제탐구왕' 등 AI와 교육의 융합을 이끄는 혁신적인 콘텐츠 기획자로 활동 중이며, 과거에는 EBS 진로진학 대표 강사이자 EBS 영어 파견교사로 활약하며 교육계에 큰 기여를 하였다.

이 책을 통해 저자는 AI의 기초와 활용을 쉽게 이해할 수 있도록 돕고, 시니어 독자들이 AI 시대에 능동적으로 참여할 수 있는 지식과 통찰을 제공하고자 한다.

나만 알고 싶은 AI 활용 교과서: 시니어

초판발행	2025년 1월 5일
지은이	유채린 · 김승욱 · 이재현 · 진연자 · 정구은 · 김유경 · 배미주 · 정동완
펴낸이	노 현
편 집	이혜미
기획/마케팅	이선경
표지디자인	권아린
제 작	고철민 · 김원표
펴낸곳	㈜피와이메이트
	서울특별시 금천구 가산디지털2로 53, 210호(가산동, 한라시그마밸리)
	등록 2014.2.12. 제2018-000080호
전 화	02)733-6771
f a x	02)736-4818
e-mail	pys@pybook.co.kr
homepage	www.pybook.co.kr
ISBN	979-11-7279-018-9 93370

copyright©유채린 외, 2025, Printed in Korea

정 가   23,000원

박영스토리는 박영사와 함께하는 브랜드입니다.